あの子の発達障害がわかる本

1

ちょっとふしぎ

自閉スペクトラム症 ASDのおともだち

内山登紀夫＝監修

ミネルヴァ書房

はじめに

あなたのまわりに、理解《りかい》できない行動が多い、ちょっと変わったおともだちはいませんか?得意なことと苦手なことのでこぼこが激しかったり、マイペースで自由な行動が目立ったり、人の話は聞かず自分が好きなことばかり一方的に話し続けたり、ルールにこだわりすぎて融通《ゆうずう》がきかなかったり……。ひょっとしたら「わがまま!」「マイペースすぎる」「自分勝手《かって》!」と、腹が立つ場面もあるかもしれません。

でも、ちょっと待って。不思議に思えるその行動の背景《はいけい》には、もしかしたら自閉スペクトラム症（ASD）という特性がかくれているのかもしれません。

自閉スペクトラム症の人は、生まれつきものの感じ方やとらえ方が、多くの人たちとちがっています。そのため、まわりの人たちとうまくつきあえなかったり、みんながあたりまえに理解していることがわかってなかったり、学校や毎日の生活で苦労していることがあります。

つまり、あなたが自閉スペクトラム症の人の行動にとまどっているとしたら、その人もどうふるまえばみんなとなかよくできるのかわからず、困っているかもしれないのです。

自閉スペクトラム症の人たちがどんなふうに感じているのかを知ってほしくて、この本をつくりました。おたがいのちがいを知り、つきあい方を考えてみることで、みんなが楽しく暮らしていける解決法がみつかるかもしれません。もしかしたら、「あれっ? そういえば自分にも似たところがあるな」と、新しい発見があるかもしれません。

ぜひ、「あの子に似ているな」「わたしだったらこうするかも」と、想像力をふくらませながら読んでみてください。

【もくじ】

第1章 なんでこうなるの？ どうすればいい？

第2章 どこがちがうの？ 自閉スペクトラム症の子の見え方・感じ方

《この本の構成》

第1章　なんでこうなるの？　どうすればいい？

自閉スペクトラム症の子の行動の背景《はいけい》にある感じ方やとらえ方を知るための章です。
5人のおともだちの不思議な行動について紹介《しょうかい》しています。

さいしょのページ

みんなが
「困ったな」「何でそうなるの？」と
とまどってしまう場面を、
紹介しています。

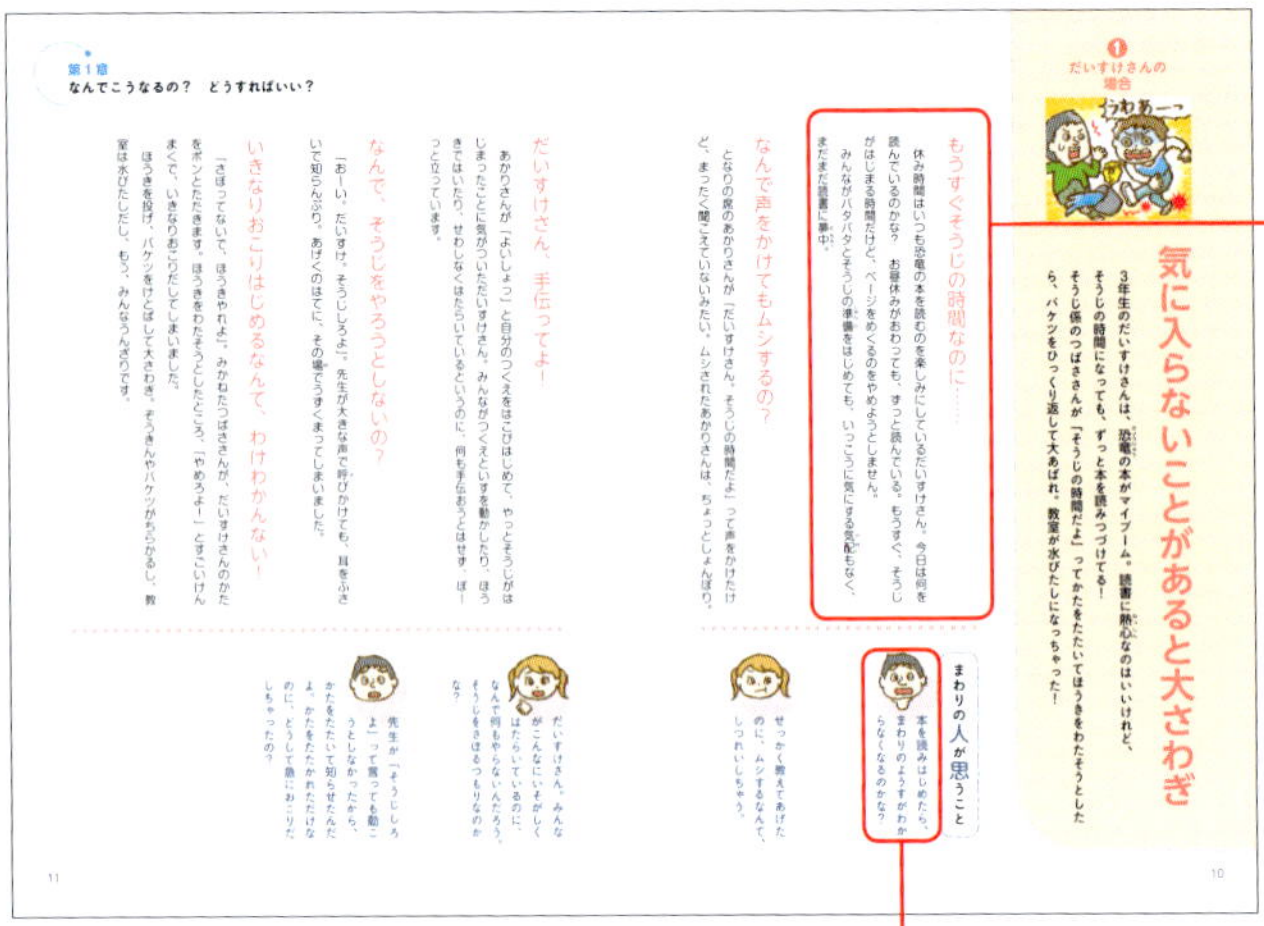

よくあるエピソードを紹介しています。

その場にいた、みんなの感想です。

つぎのページ

どうしてそうなってしまったのか、
自閉スペクトラム症のおともだちが
どんなふうに感じていたのか、
本人の視点で解説します。

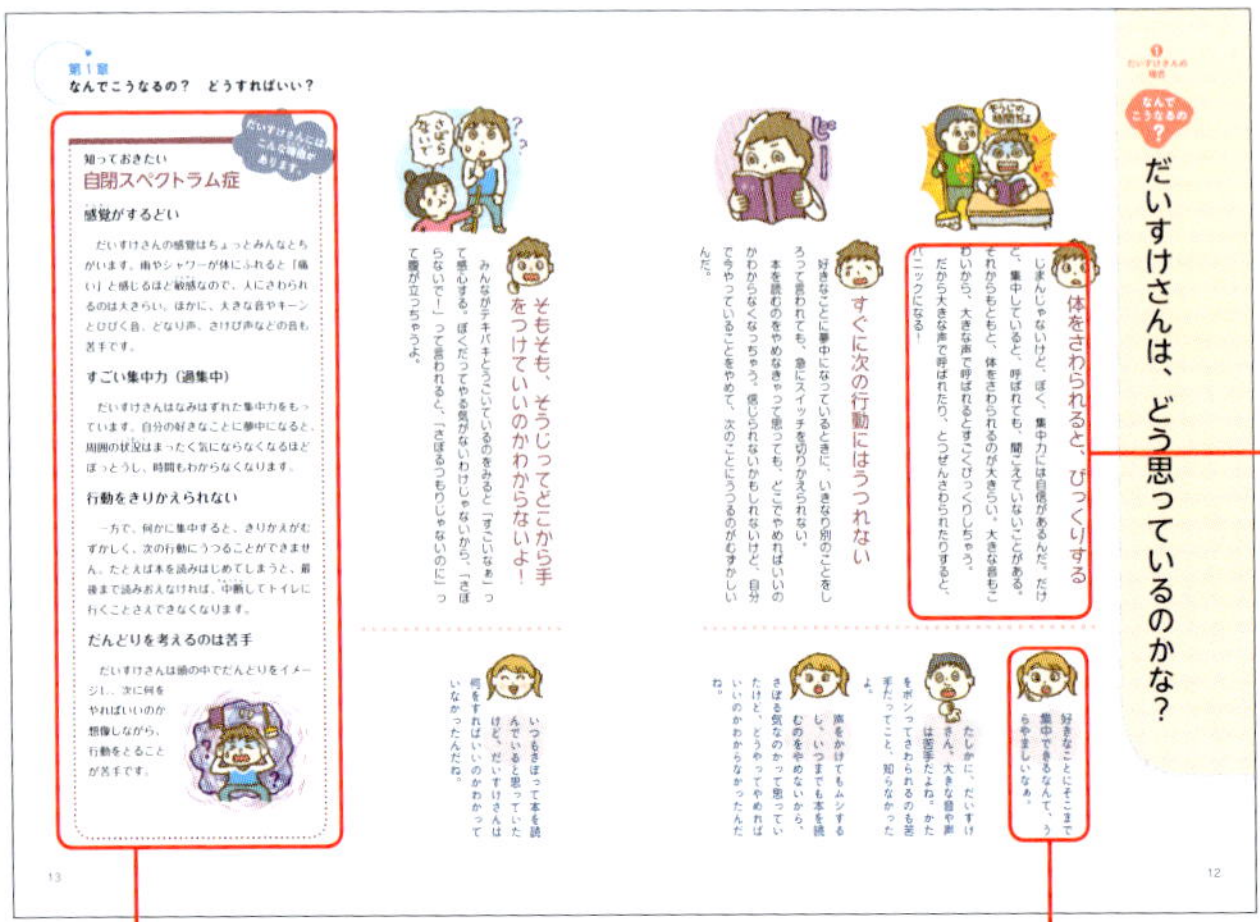

自閉スペクトラム症の子の、心の声を表しています。

エピソードをふりかえりながら、自閉スペクトラム症の特性を解説します。

自閉スペクトラム症の子のとらえ方を知って、みんなが感じたことです。

さいごのページ

どうすればうまくいくのか、どんな工夫ができるのかを考えてみます。

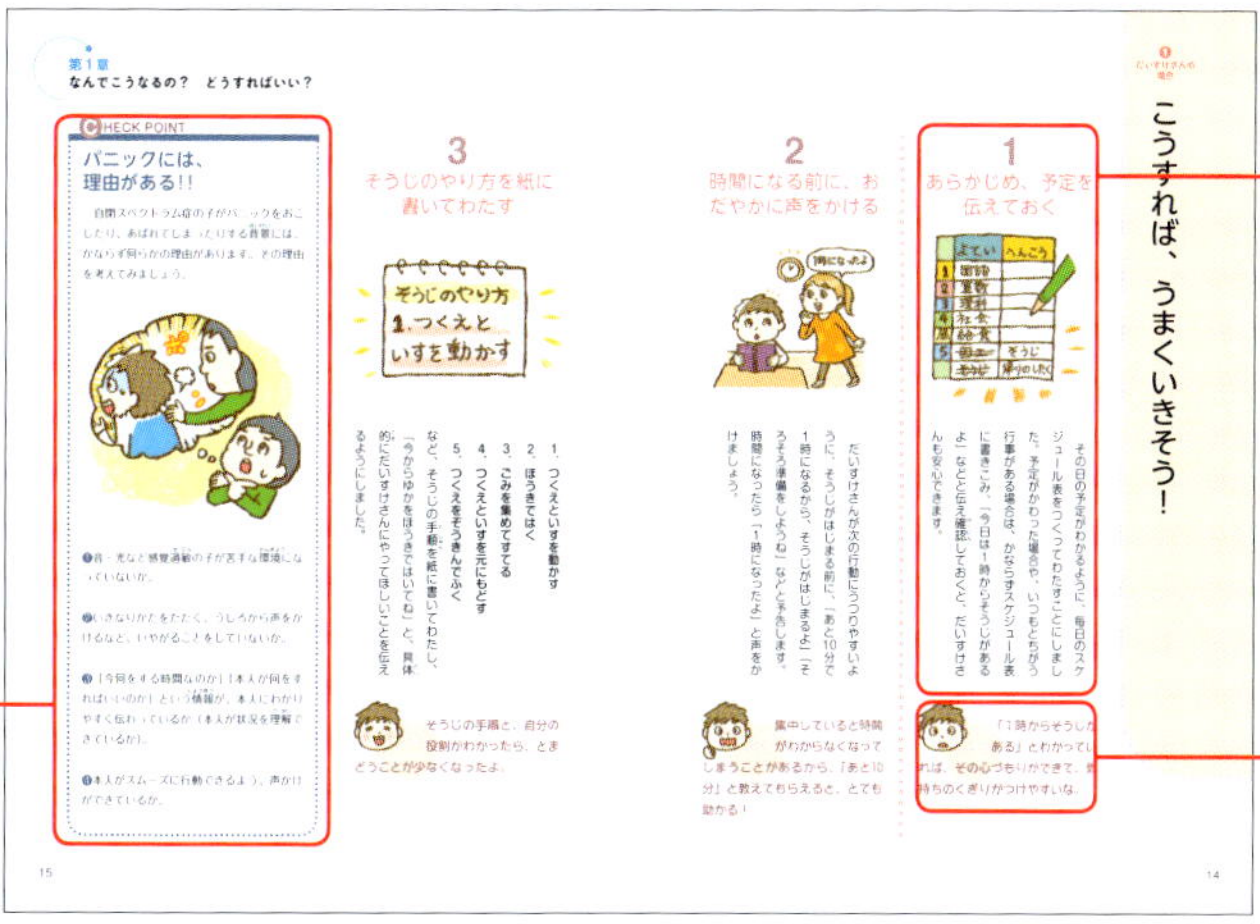

その子の特性をふまえて、うまくいきそうな方法を紹介しています。

自閉スペクトラム症の子の感想を言葉《ことば》に表しています。

理解《りかい》を深めるために、とくにおさえておきたい大切なポイントをおさらいしています。

第2章 どこがちがうの？ 自閉スペクトラム症の子の見え方・感じ方

この章では、自閉スペクトラム症について、さらにくわしく解説しています。

❶では自閉スペクトラム症はどのような障害なのか、その特徴《とくちょう》を紹介しています。

❷では、自閉スペクトラム症の子の見え方・感じ方が多くの人とどんなふうにちがうのか、解説します。

この本に出てくる おともだち 紹介《しょうかい》

5年生　あすかさん

アニメとゲームにくわしくて、
絵をかくのが得意。
女の子どうしのおしゃべりや
グループでの行動が苦手。
あだなは「不思議ちゃん」。
ちょっと変わった子だと
思われている。

6年生　てつおさん

ちょっとマイペースで
ガンコなところがあり、
ときどきまわりを困らせているが
成績《せいせき》はクラスでナンバーワン！
好奇心《こうきしん》おうせいでものしり。
とくに電車や虫にくわしく、
「博士《はかせ》」とよばれている。

3年生　だいすけさん

元気いっぱい。
ダジャレと恐竜《きょうりゅう》が
大好き。
べんきょうは苦手。
ときどき、イラッとして、
あばれちゃうこともあるけど、
根は心やさしき、いいやつ。

4年生　すみれさん

とてもやさしい性格だけど、
ものしずかで、ひっこみじあん。
自分のことを話したり、
意見《いけん》を言うのは苦手。
心配性《しんぱいしょう》で、落ちこみやすく、
ちょっとしたことで、
くよくよ悩んでしまう。

5年生　そうたさん

特別支援学級《とくべつしえんがっきゅう》
「ひまわり組」に在籍《ざいせき》。
ひとなつこくて、いつもニコニコ。
ものを色別《いろべつ》に並べたり、
順番《じゅんばん》をおぼえるのが得意。
人の話は聞こえているみたいだけど、
ほとんど会話にならない。

第1章
なんでこうなるの？ どうすればいい？

「ちょっと変！」「マイペースすぎる」「どこかおかしい」……。
そんなあの子の行動には、何か理由があるのかもしれません。
みんなが不思議に思う自閉スペクトラム症の行動について、
本人がどう思っているのか心の声に耳をかたむけ、
どうすればうまくいくのか、いっしょに考えてみましょう。

1
だいすけさんの場合

気に入らないことがあると大さわぎ

3年生のだいすけさんは、恐竜《きょうりゅう》の本がマイブーム。読書に熱心《ねっしん》なのはいいけれど、そうじの時間になっても、ずっと本を読みつづけてる！　そうじ係のつばささんが「そうじの時間だよ」ってかたをたたいてほうきをわたそうとしたら、バケツをひっくり返して大あばれ。教室が水びたしになっちゃった！

もうすぐそうじの時間なのに……

休み時間はいつも恐竜の本を読むのを楽しみにしているだいすけさん。今日は何を読んでいるのかな？　お昼休みがおわっても、ずっと読んでいる。もうすぐ、そうじがはじまる時間だけど、ページをめくるのをやめようとしません。

みんながバタバタとそうじの準備《じゅんび》をはじめても、いっこうに気にする気配《けはい》もなく、まだまだ読書に夢中《むちゅう》。

なんで声をかけてもムシするの？

となりの席のあかりさんが「だいすけさん。そうじの時間だよ」って声をかけたけど、まったく聞こえていないみたい。ムシされたあかりさんは、ちょっとしょんぼり。

まわりの人が思うこと

本を読みはじめたら、まわりのようすがわからなくなるのかな？

せっかく教えてあげたのに、ムシするなんて、しつれいしちゃう。

だいすけさん、手伝《てつだ》ってよ！

あかりさんが「よいしょっ」と自分のつくえをはこびはじめて、やっとそうじがはじまったことに気がついただいすけさん。みんながつくえといすを動かしたり、ほうきではいたり、せわしなくはたらいているというのに、何も手伝おうとはせず、ぼーっと立っています。

なんで、そうじをやろうとしないの？

「おーい。だいすけ。そうじしろよ」。先生が大きな声で呼《よ》びかけても、耳をふさいで知らんぷり。あげくのはてに、その場《ば》でうずくまってしまいました。

いきなりおこりはじめるなんて、わけわかんない！

「さぼってないで、ほうきやれよ」。みかねたつばささんが、だいすけさんのかたをポンとたたきます。ほうきをわたそうとしたところ、「やめろよ！」とすごいけんまくで、いきなりおこりだしてしまいました。

ほうきを投げ、バケツをけとばして大さわぎ。ぞうきんやバケツがちらかるし、教室は水びたしだし、もう、みんなうんざりです。

だいすけさん。みんながこんなにいそがしくはたらいているのに、なんで何もやらないんだろう。そうじをさぼるつもりなのかな？

先生が「そうじしろよ」って言っても動こうとしなかったから、かたをたたいて知らせたんだよ。かたをたたかれただけなのに、どうして急におこりだしちゃったの？

1
だいすけさんの場合

なんでこうなるの？

だいすけさんは、どう思っているのかな？

体をさわられると、びっくりする

じまんじゃないけど、ぼく、集中力には自信があるんだ。だけど、集中していると、呼ばれても、聞こえていないことがある。それからもともと、体をさわられるのが大きらい。大きな音もこわいから、大きな声で呼ばれるとすごくびっくりしちゃう。

だから大きな声で呼ばれたり、とつぜんさわられたりすると、パニックになる！

すぐに次の行動にはうつれない

好きなことに夢中になっているときに、いきなり別のことをしろって言われても、急にスイッチを切りかえられない。

本を読むのをやめなきゃって思っても、どこでやめればいいのかわからなくなっちゃう。信じられないかもしれないけど、自分で今やっていることをやめて、次のことにうつるのがむずかしいんだ。

好きなことにそこまで集中できるなんて、うらやましいなぁ。

たしかに、だいすけさん、大きな音や声は苦手だよね。かたをポンってさわられるのも苦手だってこと、知らなかったよ。

声をかけてもムシするし、いつまでも本を読むのをやめないから、さぼる気なのかって思っていたけど、どうやってやめればいいのかわからなかったんだね。

だいすけさんには、こんな特徴《とくちょう》があります。

知っておきたい
自閉スペクトラム症

感覚《かんかく》がするどい

　だいすけさんの感覚はちょっとみんなとちがいます。雨やシャワーが体にふれると「痛い」と感じるほど敏感《びんかん》なので、人にさわられるのは大きらい。ほかに、大きな音やキーンとひびく音、どなり声、さけび声などの音も苦手です。

すごい集中力（過集中）

　だいすけさんはなみはずれた集中力をもっています。自分の好きなことに夢中になると、周囲の状況《じょうきょう》はまったく気にならなくなるほどぼっとうし、時間もわからなくなります。

行動をきりかえられない

　一方で、何かに集中すると、きりかえがむずかしく、次の行動にうつることができません。たとえば本を読みはじめてしまうと、最後まで読みおえなければ、中断《ちゅうだん》してトイレに行くことさえできなくなります。

だんどりを考えるのは苦手

　だいすけさんは頭の中でだんどりをイメージし、次に何をやればいいのか想像しながら、行動をとることが苦手です。

そもそも、そうじってどこから手をつけていいのかわからないよ！

みんながテキパキとうごいているのをみると「すごいなぁ」って感心する。ぼくだってやる気がないわけじゃないから、「さぼらないで！」って言われると、「さぼるつもりじゃないのに」って腹が立っちゃうよ。

いつもさぼって本を読んでいると思っていたけど、だいすけさんは何をすればいいのかわかっていなかったんだね。

❶ だいすけさんの場合

こうすれば、うまくいきそう！

1
あらかじめ、予定を伝えておく

その日の予定がわかるように、毎日のスケジュール表をつくってわたすことにしました。予定がかわった場合や、いつもとちがう行事がある場合は、かならずスケジュール表に書きこみ、「今日は1時からそうじがあるよ」などと伝え確認《かくにん》しておくと、だいすけさんも安心できます。

「1時からそうじがある」とわかっていれば、その心づもりができて、気持ちのくぎりがつけやすいな。

2
時間になる前に、おだやかに声をかける

だいすけさんが次の行動にうつりやすいように、そうじがはじまる前に、「あと10分で1時になるから、そうじがはじまるよ」「そろそろ準備をしようね」などと予告します。時間になったら「1時になったよ」と声をかけましょう。

集中していると時間がわからなくなってしまうことがあるから、「あと10分」と教えてもらえると、とても助かる！

CHECK POINT

パニックには、理由がある!!

　自閉スペクトラム症の子がパニックをおこしたり、あばれてしまったりする背景《はいけい》には、かならず何らかの理由があります。その理由を考えてみましょう。

❶音・光など感覚過敏《かびん》の子が苦手な環境《かんきょう》になっていないか。

❷いきなりかたをたたく、うしろから声をかけるなど、いやがることをしていないか。

❸「今何をする時間なのか」「本人が何をすればいいのか」という情報《じょうほう》が、本人にわかりやすく伝わっているか（本人が状況を理解《りかい》できているか）。

❹本人がスムーズに行動できるよう、声かけができているか。

3
そうじのやり方を紙に書いてわたす

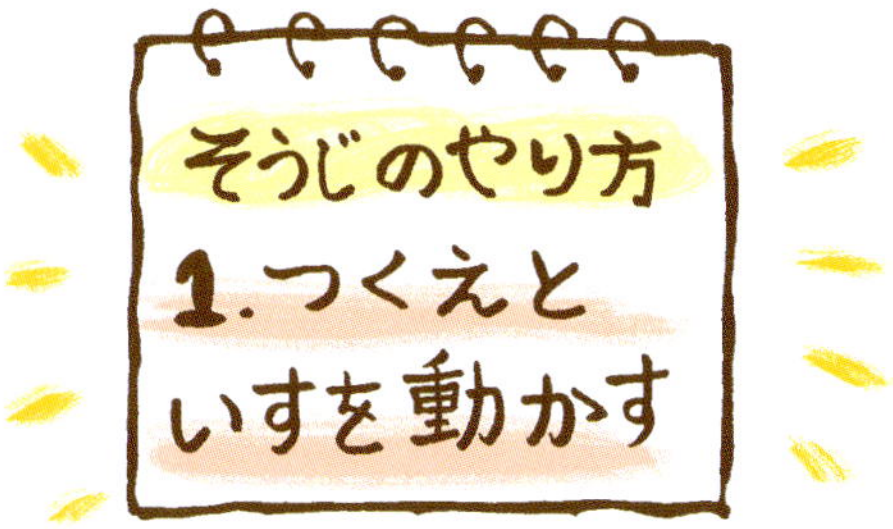

1．つくえといすを動かす
2．ほうきではく
3．ごみを集めてすてる
4．つくえといすを元にもどす
5．つくえをぞうきんでふく

など、そうじの手順《てじゅん》を紙に書いてわたし、「今からゆかをほうきではいてね」と、具体《ぐたい》的《てき》にだいすけさんにやってほしいことを伝えるようにしました。

そうじの手順と、自分の役割がわかったら、とまどうことが少なくなったよ。

② だいすけさんの場合

授業《じゅぎょう》やべんきょうに集中できない！

国語の授業中。だいすけさんは、ずっととなりの席のあかりさんに話しかけてる。国語はきらいなのかな？　授業に集中できないのかな？　先生が質問《しつもん》したけど、とんちんかんな答えで、クラス中が大笑い。そしたらプンプンおこって、だいすけさんは教室を出て行っちゃった！

授業中なのに、どうして関係ない話をするの？

いつも元気いっぱいのだいすけさんだけど、べんきょうはあんまり好きじゃないみたい。国語の授業中なのに、となりの席のあかりさんに話しかけてきた。「食べると安心するケーキはなーんだ?」だって。今は、なぞなぞの時間じゃないでしょう！

だいすけさん、教科書《きょうかしょ》を読む時間だよ！

「教科書を読んで、どうしてこの主人公がかなしくなったのか、気持ちを想像してみてください」。みんながいっせいに教科書を読みはじめます。だけど、だいすけさんは集中して読むことができないみたい。とちゅうで読むのをやめてしまって、そわそわ、キョロキョロ。

まわりの人が思うこと

どうしてなぞなぞなんて出してくるの？　今は休み時間じゃないんだよ。

だいすけさんは恐竜《きょうりゅう》の本を読むのは好きなのに、国語の教科書を読むのはきらいなのかな。

勝手《かって》に席を立つなんて、信じられない

あかりさんもなぞなぞに答えてくれないから、だいすけさんは退屈しちゃったのかな？　授業中なのに席を立ち、ぐるぐる教室を歩き回りはじめました。「だいすけさん。席にもどって、教科書を読んでね」。みかねた先生が注意します。

ちゃんと、教科書を読んでいなかったのかな？

「みんな考えてみたかな？　それじゃあ、だいすけさん。どうしてかなしくなったのだと思う?」、先生が質問します。

いきなり、あてられただいすけさんはあたふた。教科書をちゃんと読んでいなかったのか、答えることができません。「えっと……。えっと……」。

ダジャレで答えて、まさかの教室脱出《だっしゅつ》！

「かなしく、かなしく……。カーなし。わかった！　車がなくなったから！」。なんと、ダジャレで答えたので、クラスのみんなは大笑い。先生はあきれてぽかーん。「だいすけさん。まじめに答えましょう」。やさしく注意したのだけど、「うるさい！」と、なぜか、だいすけさんは逆ぎれ。教室を出て行ってしまいました。

授業中なのに、どうして勝手に席を立って、歩き回っちゃうのかな。ちょっとめいわくだよ。

授業に参加《さんか》できていなかったから、参加してもらいたくて、あてたんだけど……。

先生に質問されたときの、だいすけさんの答えって、いつもおもしろい。だけど、なんでおこっちゃったのかな？

❷ だいすけさんの場合

なんでこうなるの？

だいすけさんは、どう思っているのかな？

わからない授業には集中できないよ

ぼくは、恐竜や虫の名前をおぼえるのは得意だけど、長い文を読むのはどうも苦手なんだ。とくに国語の授業は、何を言われているのかさっぱりわからない。

長い文章を読んだり、先生の説明や指《し》示《じ》を聞くのはとても苦手

先生に言葉《ことば》だけで説明されたり、指示されたりしても、何をすればいいのかわからないし、どんどん、ついていけなくなっちゃう。集中できないと、ついついちがうことを考えちゃうし、おしゃべりしてしまうんだ。

いきなり教科書を読めって言われても、いったいどこを読めばいいの？　ぼくには、むずかしすぎるよ。

たしかに、だいすけさん。記憶力はすごいわよ。たくさん虫の名前を知っているし、クイズ王になれるくらい、いろんなことにくわしいの。

言葉で説明するだけじゃ、内容がわからないって、どういうことなのかな。そういえば、だいすけさんは物語を読むのも苦手だって言っていたよね。

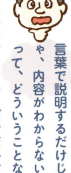

なんで笑うの？ ぼくは、ふざけたんじゃない！

ふざけてるって思われたみたいだけどぼくは「答えなきゃ」って必死だったんだ。

みんな笑うし、先生はおこるし、どうしていいのかわからなくなり「ぼくなんか授業のじゃまだし、教室にいないほうがいいんだ」ってかなしくなった。

まじめに授業に参加してくれない困った子だと思っていたけど、実は何をすればいいのか、わかっていなかったのね。気づかなくて、ごめんなさい。

だいすけさんには、こんな特徴《とくちょう》があります。

知っておきたい
自閉スペクトラム症

集中力にムラがある

なみはずれた集中力をもっているだいすけさんですが、どんな場面でもその力を発揮《はっき》できるわけではありません。自分の苦手なことやわからないことに直面《ちょくめん》すると、集中力のスイッチを入れることができなくなり、しばしばとちゅうで投げ出してしまいます。

耳から聞き理解《りかい》することが苦手

だいすけさんは「恐竜の色や形」と「名前」をおぼえるなど目でみたことを記憶《きおく》するのは得意ですが、耳から聞いた話やたくさんの指示を理解することが苦手です。たとえば先生が言葉だけで、「教科書を読んで」「主人公の気持ちを想像して」「どうしてかなしかったのか考えましょう」という3つの指示を一度に出してしまうと、何をすればいいのかわからなくなってしまいます。

長い文や物語を読み取るのも苦手

登場人物の気持ちを想像しながらストーリーを追うことも苦手なので、長い物語などからポイントを読み取ることができません。一方で、ダジャレやなぞなぞ、ことわざなど「ことば遊び」は大好き。とてもむずかしいことわざを知っていたりするのでギャップがあり、「わかっているはず」とまわりから誤解されてしまいます。

❷ だいすけさんの場合

こうすれば、うまくいきそう!

1 絵や写真を使って、授業をわかりやすく

授業のポイントが目でみてわかるように、絵や写真を使うことにしました。たとえば国語の授業で、長い物語を読まなければならない場合、だいすけさんがイメージしやすいように登場人物を絵で示したり、時系列《じけいれつ》でストーリーを整理《せいり》して伝えたりするように工夫しています。

主人公がだれで、だれとだれがどういう関係なのか、まったくわかっていなかったら、絵にかいて教えてもらってよかったよ。

2 集中力が続くよう、授業にメリハリをつける

集中力のスイッチがオフになってしまわないよう、時間をくぎり、あきてきたときには漢字の書きとりをやるなど、授業にメリハリをつけるように考えました。

わからないことばかり続いてるとあきちゃうけど、漢字のテストはおもしろくて、好きなんだ。

CHECK POINT

授業に参加できない その理由を考えてみましょう

　おしゃべりしたり、立ち歩いたり、授業を妨害《ぼうがい》してしまうのは、けっして悪気《わるぎ》があるわけではありません。理由を考え、授業に参加できるよう工夫してみましょう。

授業中…！
♪
スタスター

❶やってほしいことを整理して、黒板やプリントに書いて示しているか。言葉だけで、わかりにくい指示を出していないか。

❷「いま何をする時間なのか」「本人が何をすればいいのか」という情報《じょうほう》が、本人にわかりやすく伝わっているか（本人が状況《じょうきょう》を理解できているか）。

❸イメージしやすいよう絵や写真を使うなど、ヒントが出せているか。

❹集中力が続くよう授業にメリハリがあるか（苦手なことばかり続いていないか）。

3 やってほしいことは、順番《じゅんばん》に黒板に書く

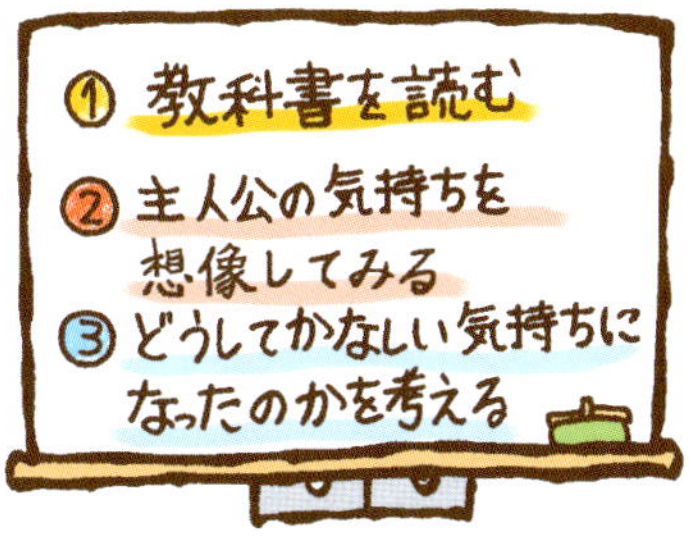
① 教科書を読む
② 主人公の気持ちを想像してみる
③ どうしてかなしい気持ちになったのかを考える

「主人公の気持ちを想像する」のがむずかしい場合は、「教科書の〇ページの□行目を書き写して」など、別の課題をやってもらいました。やってほしいことのだんどりを整理して、黒板に書くようにしました。どこを読めばいいのかわからず困っている場合は、「教科書の〇ページを読んでみて」などヒントを出すと、だいすけさんも取り組みやすくなりました。

黒板に書いてもらえると、言われたことを忘れないから助かる！　長い文を読んでもちっとも頭に入ってこなくて困っていたから、ヒントを出してもらえて、やっと先生の質問の意味がわかったよ。

3 あすかさんの場合

グループ行動で迷子《まいご》に!?

5年生のあすかさん。グループで町のお店を調べる「調べ学習」のときのこと。みんなでいっしょに歩かなきゃいけないのに、いつのまにかいなくなった！「え？　迷子？」って、みんな心配《しんぱい》してさがしたのに、やっと見つけたら、「大好きなゲームのお店があったから」だって。どういうつもり!?

「調べ学習」の時間だって、わかっているよね？

今日「調べ学習」をすることは前から決まっていました。だから、みんなはわくわく、楽しみにしていました。あすかさんも、班長のみかさんが「今日は楽しみね」と言ったとき、「うん！」と元気に答えていたのに……。

みんなで町へ歩いて行くときも、なんだか楽しくなさそう

とにかく町まで歩いて行こうということで、歩きはじめましたが、あすかさんはうかない顔です。みらいさんが「こっちの道が近いのよ」と案内してくれ、みんなはそれにしたがうことにしました。でも、あすかさんは「わたし、いつもの道順じゃないと、行けない」なんて、よくわからないわがままを言い出しました。「え？　何言っ

まわりの人が思うこと

みんなで協力しないといけないのに、やりたくないの？　つまらないの？

いつもの道順じゃないと行けないって、どういうこと？

ているの？　ムシ、ムシ」。みんなはずんずん進みます。

どっか行っちゃった！　まさか、迷子!?

そして、「あそこの八百屋さんで話を聞こう！」と、班長のみかさんが言い出したとき、「大変、あすかちゃんがいない！」

あすかさんはどこに行ってしまったのでしょうか。みんなは、あわててあすかさんをさがすことにしました。八百屋さんへのインタビューはひとまずおあずけです。

何かあったの？　心配……

みんなは心配になりました。「あすかちゃーん！」と呼《よ》びながらさがします。来た道をもどってさがす組と、八百屋さんのまわりをさがす組にわかれてさがしました。

みんなに心配かけたのに

「あすかちゃん！　何してるの!?」見つけたみらいさんがさけびます。あすかさんたら、さっきの曲がり角にあったおもちゃ屋さんの店先で、熱心《ねっしん》にゲームソフトのパッケージを見ているのです。そして、平気な顔で「どしたの？」ですって。

「もう、あすかちゃんたら、さがしたんだから！」「だって、大好きなゲームのお店があったから」……みんな、一気に力がぬけてしまいました。

あすかちゃんおこってどこかに行っちゃったのかな？　それともどこか具合が悪かったのかな？

そういえば、さっき歩いているとき、ゲームのお店を気にしてたよね……。

迷子になったのに、みんながさがしに行ってもあやまらないのはどうして？

3 あすかさんの場合

なんでこうなるの？

あすかさんは、どう思っているのかな？

「調べ学習」の時間って何するの？ わたしはどうしたらいいの？

「調べ学習」って、そのときそのときでやることがちがうでしょう？ 毎回ちがうことがおこるし。それにみんなで協力するのがいいことだとわかっているけど、じゃあ、私は何をどうすればいいのか、わからない。だいいち、グループで行動するのは苦手。だれが言ったことに返事をして、どう動いたらいいか、すぐにはわからないの……。

いつもの道順じゃないと不安でしょうがないの

わたしは、どこかに行くとき、いつも同じ道順で行くよ。いつもとちがう道は、何がおこるかわからないから不安なの。だから、みんなに言ったのに。聞いてくれなかった……。

わたしたちには楽しいグループ活動なのに、あすかちゃんはそんなに苦手だったんだ……。

わがままだって決めつけちゃったけど、あすかちゃんは不安だったんだね。

あすかさんには、こんな特徴《とくちょう》があります。

知っておきたい
自閉スペクトラム症

いつもとちがうことは苦手

　あすかさんは、いつもとちがう場所でやる授業《じゅぎょう》や、イベントなどが苦手です。予測《よそく》がつかないことや想像できないことがあると不安定な気持ちになってしまうようです。

同じパターンで行動するのが得意

　一度おぼえたやり方でするのが好きで、そのほうが安心できるという特徴があります。いつもと同じ道をとおりたがるのもそのためです。まわりの人からは、融通《ゆうずう》がきかないとか、ガンコだと言われる原因になりがちですが、決まりや約束を必ず守るという、まじめな性格は長所にもなります。

集団行動がむずかしい

　みんなといっしょに行動したり、話し合ったりすることも苦手です。たくさんの人の話を聞きわけたり、頭の中で整理《せいり》したりしていると、とてもつかれてしまいます。反対に一人で何かに集中して取り組むことはとても得意です。

興味《きょうみ》のあるものが目に入ると、いてもたってもいられなくなる

好きなもの、興味のあるものがあると、気持ちがそちらに向いてしまう。一度気づくと、いてもたってもいられなくて、近づいていったり、思わず手に取ったり……。それに、一度好きなことにのめりこむと、つい、ほかのことは忘れちゃうんだ。

好きだから熱心に取り組むのかな。絵もすごくじょうずだよね！

こうすれば、うまくいきそう！

1 調べ学習の道順を、前もって知らせる

あすかさんは予定がわからないと不安が強くなることがわかったので、前もって目的の場所に行くまでの道順や、そこで何をするのかを紙に書いて説明しました。

何をするのか、わからなくって不安だったけど、説明してもらえたから安心できたよ。
いつもの道より近い道があることも教えてもらえてよかった！

2 いっしょに行動する人を決めておく

あすかさんの不安な気持ちを少しでもやわらげるために、班長のみかさんにいっしょに行動してもらうようお願いしました。みかさんが「わからないことがあったら聞いてね」と声をかけると、あすかさんもにっこり。

みんながすたすた歩いていくから、だいじょうぶかなって心配になるときもあったけど、みかさんがとなりにいてくれて助かった。

CHECK POINT

集団行動に参加するには……

いつもとちがうことが苦手な自閉スペクトラム症の子の場合、調べ学習などグループでの行動が苦手だったり、積極的に参加できなかったりして、みんなの輪を乱してしまうことがあります。その子がグループ学習に楽しく参加できるよう、準備しましょう。

❶グループ学習での話し合いで何が決まったか、その内容を本人が理解《りかい》できているか。

❷教室の外で活動する場合、どこに行くのか、そこで何をするのか、予定がしっかり伝わっているか。

❸わからないことがあったときに聞けるともだちや先生がそばにいるか。

❹グループ学習で何をすればいいのか、本人の役割が決められているか。

3 得意なことをたのむ

絵がじょうずなあすかさんに、「調べ学習」の発表に使う絵をかいてもらうことにしました。役割がわかったからなのか、あすかさんは熱心に八百屋さんで野菜の名前をメモしていました。

グループでの行動は苦手だったけど、自分が何をすればいいのかわかったから、ちゃんと参加《さんか》できたよ。「あすかちゃん、絵がうまいね」ってほめてもらえてうれしかった。

4
あすかさんの場合

話がまったくかみあわない

ある日の昼休み。好きなアニメについてしゃべり続けるあすかさんに、みんなうんざり。だけど、みんなが別の話でもりあがると、ついていけなくて、ひとりぽつーん。気をきかしたえりかさんが「あすかさんはだれが好き?」って聞いたら、いきなり「その服、変だね」だって。えりかさん泣いちゃったよ! ちょっとひどすぎない?

自分の好きなことばかり話し続けるから、みんなうんざり

アニメの話をしていると、とおりがかったあすかさんが「その元ネタは、宇宙戦士ヴァヴァなんだよ」って、いきなり話に入ってきました。「あれはエピソード3にでてたジュリアへのオマージュなの」。最初「よく知っているね」って感心して聞いてたけど、あすかさんは「まほう使いの城《しろ》はね」えんえんと話し続けます。

興味《きょうみ》がない話には知らんぷり

たまりかねたみかさんが「きのうのミュージックパラダイスはみた?」って話を変えます。「みた、みた。エルエル出てたよねー」「メンバーの中でだれが好き?」「やっぱリーダーかなぁ」「わたしもー」と、好きなアイドルグループの話でもりあがる

まわりの人が思うこと

あすかちゃんは、アニメやゲームにくわしくて、いろんなことを知ってるんだけど、話が長いの。一度、話しはじめるととまらなくなるよね。

あすかちゃんっておしゃべりなのに、人の話には興味がないのかな。

女の子たち。あすかさんは退屈《たいくつ》そうにぽかーんとしています。

洋服の話なんて、関係ないじゃん！

だまりこんでしまったあすかさんを気にして、えりかさんが「あすかちゃんはエルの中ではだれが好き？」って聞いたら、いきなり「えりかちゃんの今日の洋服、なんか変だね。似合っていないよ」だって。みんなびっくりしてシーンとしちゃうし、えりかさんは泣きだしちゃうし、楽しいはずの休み時間が最悪の空気！

どうして、人がいやがることを言ってしまうの？

そういえば以前にも、太っている校長先生にいきなり「どうしてそんなに太っているのですか？」って聞いちゃったり、「しょうたさんのお母さんって、おばあちゃんみたい」なんてしつれいなことを言ってしまったことがありました。どうして、わざわざ人をおこらせるようなことを言っちゃうのかなぁ。わけわかんない。

みんながおこっているのに、ちっとも反省《はんせい》してないみたい

ひどいことばかり言うから、みんなあきれているのに、あすかさんはまったく気にしていないみたい。おこったえりかさんは、「もう、あすかさんとは口を聞きたくない。ともだちじゃない」なんて言っています。

なんで急に話がとんじゃうの？　しかも、いきなり人がいやがるようなことをわざわざ言う必要ないよね？

いやなことをはっきり言っちゃうなんて、すごいっていうか、不思議……。

人をおこらせておいて、それに気がついていないって、どこまでどんかんなんだろう……。ちょっとありえない！

④ あすかさんの場合

なんでこうなるの？

あすかさんは、どう思っているのかな？

話しはじめると、とまらなくなる

アニメ大好き！　ゲームも大好き。いつもインターネットで調べてるから、とってもくわしいし、自分の好きなことなら、ずっと話していられちゃう。だけど学校だと、話があう子が少なくって、ちょっとものたりない。

みんなで話していると、ついていけないの

おしゃべりは大好きなんだけど、みんなで話すのは得意じゃないの。何人かがつぎつぎ話しはじめると、話についていけなくなっちゃうし、話すタイミングもわからなくなる。

まわりの音がうるさいと、遠くの人の声はよく聞きとれないし、ちがうことに気が散《ち》ってしまうこともある。

ほんと、あすかちゃん、ものしりだけど、話題がずれてるんだよね。

趣味《しゅみ》がマニアックだから、男の子や大人の人のほうが話があうのかなぁ。

まさか、あすかちゃんが話についてこれていないなんて、気づいていなかった！　わたしたちはふつうに話していることでも、あすかちゃんには話が通じていないことがあるんだね。

あすかさんには、こんな特徴《とくちょう》があります。

知っておきたい

自閉スペクトラム症

いっぺんにみんなが話すとわからなくなる

おしゃべりが大好きなあすかさんですが、実は人の話を聞きとることは苦手です。とくに教室や廊下《ろうか》など人が多いところやうるさい場所で、みんながいっぺんに話すと、聞きとることができなくなり、話についていけません。

気持ちを想像するのが苦手

自分の言った言葉《ことば》で相手がどんな気持ちになるのか想像するのは苦手で、考えたことや思いついたことはストレートに口に出してしまうけいこうがあります。素直《すなお》で正直《しょうじき》なところはあすかさんの長所でもありますが、思いがけず人を傷つけてしまったり、不愉快《ふゆかい》な気持ちにさせてしまったりすることもあります。

人の気持ちってむずかしい

話についていけなくて、ぼーっとえりかちゃんを見ていたら、いつもジーンズなのに、今日はめずらしくワンピースを着ているのに気がついた。だけど、ぜんぜん似合ってなくて変だったから、教えてあげたほうが親切だと思ったの。それで、えりかちゃんがどんな気持ちになるか、そういうことって、わたしはわからない。泣いちゃったからびっくり！

人が言わないようなことをずばっと言っちゃうから、どきっとすることがあるよね。でも、あすかちゃんに悪気《わるぎ》はなかったのね。

4 あすかさんの場合

こうすれば、うまくいきそう！

1 何の話をしているのか説明する

あすかさんはたくさんの人がわいわい話すような場所は、話についていけなくなってしまうので、苦手です。もし、あすかさんが話に入れないで困っていることに気づいたら、「エルエルのメンバーでだれが好きなのかを、みんなで話していたのよ」などと、わかりやすく説明してあげましょう。

みんなが次から次に話し出すと、何がなんだかわからなくなってしまうの。とちゅうで教えてもらえると、とても助かる。

2 おだやかな言い方で、ダメなことはダメと伝える

あすかさんは、おこっている理由や泣いているわけを察することが苦手です。たとえばえりかさんが泣いていても、理由がわからず、すぐにはあやまることも思いつきません。あすかさんにいやなことを言われたら、その場で、できるだけおだやかに「そんなふうに言われるとかなしい」と、はっきりと伝えるようにしましょう。

何で泣いちゃったのか不思議だったので、「お父さんに買ってもらったワンピースを、変だと言われてかなしかった」と教えてもらえて、よかった。

CHECK POINT

みんなと楽しく話せるようになるには……

自閉スペクトラム症の子は独特の会話のパターンをもっているため、しばしばトラブルに発展してしまうことがあります。本人の感じ方や考え方を想像しながら、みんなと楽しく話せるようにサポートしましょう。

❶一方的《いっぽうてき》に一人だけ話して浮いていないか。話の流れについていけているか。会話のキャッチボールを楽しめているか。

❷何かトラブルになったとき、その理由を本人が理解《りかい》できるように説明できているか。相手の気持ちを想像できるヒントやトラブルのきっかけを、伝えられているか。

❸本人に悪意がないことを、まわりがわかっているか。

❹言ってはいけない言葉や、つきあい方のルールを、みんなで確認できているか。

3
つきあい方のルールを確認《かくにん》する

相手が傷つくことをわざという人もいるので、クラスのみんなで人に言ってはいけない言葉にはどんな言葉があるのか（たとえばハゲ・デブ・チビなど）を確認しました。「こんなこともできないの？」と人をみくだしたり、「変だよ」などと自分の価値観で決めつけたりするのもよくないことだとみんなで確認しました。

いやな気持ちにさせてしまって、ごめんなさい。思ったことはみんな口に出していたけど、言っていいことと悪いことがあることがわかった！　これからは気をつけるね。

5
てつおさんの場合

マイペースすぎる！

のりものが大好きで、「のりもの博士《はかせ》」のニックネームをもつ、6年生のてつおさん。夏休みに「電車に興味《きょうみ》がある」と言ってたあらしさんと鉄道博物館に行ったんだって。だけど、待ちあわせの時間には遅れる、忘れものをする、一人で勝手《かって》に行動するなどあらしさんはふりまわされっぱなし。これじゃあ、ちっとも楽しくないよー！

待ちあわせの場所に、てつおさんが来ない！

「何時に待ちあわせる?」とあらしさんが聞くと、てつおさんは「朝いちばんに行き、ゆっくり見学するべきでしょう!」と、やる気まんまん。ところが当日、時間になっても、てつおさんはあらわれず。20分前に来たあらしさんは待ちぼうけ。

その荷物《にもつ》……。いったいどういうつもり？

「しつれい。少々、遅れて」と、てつおさんが来たのは、40分もあとでした。しかも、まるでキャンプに行くような大きな荷物。とても重たくて、博物館をゆっくりまわることもできないし、ほかの人にめいわくです。「宝物なのに……」としぶるてつおさんを説得して、荷物はコインロッカーにあずけることにしました。

まわりの人が思うこと

「朝いちばん」って言いだしたのはてつおさんだよね。まさか1時間も待ちぼうけだなんて……。

なんで博物館に行くのに、大きな荷物を持ってきたの？ それって必要ないよね？

わりびき券、忘れちゃったんだ……。残念

二人が鉄道博物館に行くことにしたのは、てつおさんが「はんがくになるわりびき券をもらったから、いっしょにどうですか?」とあらしさんをさそったのがきっかけでした。なのに。あらしさんが「わりびき券は?」って聞いたら、「あっ。忘れた!!!」だって。わりびきにならないのは残念だけど、しかたがないね……。

せっかく二人で来たんだから、いっしょに楽しみたいんだけど……

「うわー。450系ではないですか!」博物館に入ったとたん、てつおさんはハイテンション。あらしさんを置いて走り出します。そのあとも、あらしさんをまったく気にかけるようすはなく、自由に館内をめぐります。あきてしまったあらしさんが「そろそろ帰ろうよ」と声をかけても、てつおさんは知らん顔。

マイペースなてつおさんにふりまわされっぱなしで、へとへとだよ……

そろそろおなかもすいて、ようやく帰ることになりましたが、今度は「ロッカーのカギがない!」と大さわぎ。あわてて、さがしたけれどもみつかりません。夢中《むちゅう》になって博物館をまわっている間に、どこかでカギを落としてしまったようです。

なのに、「ロッカーにあずけたからこんなことになったんです。どうしてくれるんだ!」と、やつあたり。あまりに自由なてつおさんに、あらしさんはへとへとです。

そんなにたくさんいらないものを持ってきて、どうして、わりびき券を忘れちゃったんだろう。しかたないけど、なんだか納得《なっとく》できない。

せっかく、いっしょに来ているのに、ぼくのことなんかどうでもいいみたい。なんで、一人で勝手に行動するの？

人にめいわくかけているのに、もうしわけないって思わないのかな。勝手な行動や言いぶんが多すぎて、まったく、つきあいきれないよ。

5 てつおさんの場合

なんでこうなるの？

てつおさんは、どう思っているのかな？

見通しがあまく、計画を立てるのが苦手

10時に待ちあわせの場合、移動時間を考えると何時に出発するべきなのか見通しがあまかった。そのうえ、部屋も頭も混乱《こんらん》のきわみで、何から手をつければよいのか見当すらつかなかったのだ。

博物館に行くにあたり、鉄道への愛を実証《じっしょう》する必要があると考え、ずかんや模型を持参《じさん》したのだ。しかし、おもいのほか重く、たしかに見学のさまたげになる事態となってしまった。しかも、かんじんのわりびき券を忘れるとは、めんぼくない。

興味のあるものに熱中《ねっちゅう》すると、ほかのことがどうでもよくなる

あこがれの450系を見たとたん、異常《いじょう》な興奮状態となってしまった。その後も、あまりに展示《てんじ》がすばらしく、あらしさんのことはすっかり忘れてしまった。それほどクオリティの高い展示で

約束に遅れたのは、予定にあわせて朝起きる時間を決めたり、準備《じゅんび》をすることができないからだったんだね。

展示に熱中するあまり、いっしょに来ていることを忘れてしまうなんてことがあるんだ…。ちょっとびっくり。

あったのだ。

忘れものや落としものは日常茶飯事《にちじょうさはんじ》

カギを落としたのも、あまりに鉄道に熱中してしまったからにほかならない。じまんではないが、通学路にある踏切《ふみきり》で気になる貨物列車を見かけて写真をとっている間に、ランドセルを置きっぱなしにし、そのまま忘れて学校に行ったことさえある。

なりふりかまわず、夢中になれるのはうらやましいよ。ぼくも電車に興味があるから、その知識、わけてほしいなぁ。

てつおさんには、こんな特徴《とくちょう》があります。

知っておきたい
自閉スペクトラム症

見通しを立て、予定を組むのが苦手

たとえば10時に待ちあわせをした場合、何時の電車に乗ればまにあうのかを考えたり、逆算して朝起きる時間を決めたりすることが苦手です。とくに、いつもとちがう場所に行くときには、何を持って行けばいいのか、その準備にどのくらい時間がかかるのか判断することもできません。べんきょうが得意なので、「こんなこと、できてあたりまえ」と思われがちですが、できないことがほかにもあります。

熱中するとほかが見えなくなる

自分の好きなことや興味のあるものを見つけると、時間を忘れ、ほかが見えなくなるくらい熱中してしまいます。そのため、いっしょにいる人を待たせてしまったり、ものをなくしたり、大事なことをおざなりにしてしまう場合もあります。

めいわくをかけているという自覚《じかく》がない

けれども本人は、自分のそんな行動がどんなふうに思われるのか、相手の立場に立って想像してみることがむずかしく、人にめいわくをかけたり、不快な思いをさせたりしているかもしれないという自覚が、まったくありません。

⑤ てつおさんの場合

こうすれば、うまくいきそう！

1 計画をいっしょに立て、紙に書いてわたす

てつおさんは、外出時の計画を立てることができないので、「家からバス停まで何分かかるの？」などと聞きながら、計画をいっしょに立てることにしました。また、外出するときに何を持っていけばいいのか、持ちものを考え準備するのも苦手です。「交通費、わりびき券、ハンカチ」などリストアップし、計画といっしょに紙に書いてわたしました。

待ちあわせの時間にまにあうためには、何時に家を出ればいいのかが判明した。リストアップしてもらったので、前日に準備をすませることができ、効率《こうりつ》化《か》がはかられた。

2 大切なものは、しまった場所を確認《かくにん》する

とくにテンションがあがっているときには、チケット、カギ、財布《さいふ》など大切なものを、どこにしまったのかわからなくなるので、「カバンのいちばん前のポケットに入れたね」など、しまった場所を声に出して確認することにしました。なくしやすいものはチェーンなどでカバンに結びつけておくと安心です。

なるほど！　駅員さんが「前方ＯＫ！」とやっているように、声に出して確認するくせをつけるということだな。

3
電車のことを教えてほしいと伝え、質問《しつもん》する

あらしさんはてつおさんに「ぼくも電車に興味があるから、いろいろ教えてほしい」と伝えました。そして展示を見ながら、「この電車はいつの電車？」「どこを走っていたの？」など、具体的《ぐたいてき》に質問するようにしてみました。てつおさんは、電車のことを話すのは大好き。自分の知識をあらしさんに話しながら、二人で楽しく博物館を見てまわることができました。

あらしさんは、初心者にしてはなかなか鉄道の趣《しゅ》味《み》がよい。ぼくの知識が役に立ち、喜んでもらえて何よりであった。

CHECK POINT

どうすればいっしょに楽しめるのか まずは、計画を立てるところから

自閉スペクトラム症の子がともだちといっしょに行動することを楽しむためには、しっかり計画を立て、事前に説明するなど、おぜん立てが必要な場合もあります。

❶待ち合わせの時間から逆算して、移動時間、家を出る時間、起きる時間など計画が立てられているか。

❷必要な持ちものを把握《はあく》できていて、出かける前にあわてないよう準備ができているか。忘れものはないか。

❸ともだちといっしょに楽しく行動できるよう、相手の気持ちを考えられるようなヒントを伝えるなど、おぜん立てができているか。

❹ともだちに誤解をあたえるような行動をしてしまった場合、そのことについてふりかえり、学習することができているか。

6
てつおさんの場合

思ったように動けない

てつおさんはスポーツが苦手。サッカーや野球も基本《きほん》てつおさんのいるチームが負ける。大なわとび大会にむけて、練習中なんだけど、毎回てつおさんがブレーキになってる。練習もちっともやる気がないみたい。苦手なのはしかたないけど、ちょっとひどすぎない？ てつおさんがいると、運動会でもなわとび大会でも、ぜったい優勝できないよ……。

まわりの人が思うこと

ルールを教えてもおぼえていないみたい。試合中に簡単《かんたん》な作戦を伝えても、まったくムシ。いったいどうして？

どうしてルールをやぶっちゃうの……？

てつおさん、スポーツが苦手なだけならまだいいんだけど、ルールもよくわかってないみたい。クラス対抗のドッジボール大会で、味方にボールをあててくるし、相手にパスしちゃうし、ゲームはめちゃくちゃ。「てつおー。こっちにパスくれー！」って声をかけても、まったく別のほうにボールを投げてしまう。クラスは最下位で、みんながっかりしちゃいました。

左右がよくわかってないのかな？

運動会の組み体操でも大変でした。体はかちこちで、手足の動きはばらばら、まるでこわれたロボットみたい。「右手あげて」って言っても左手あげちゃうし、リズムにあわせて動くこともできません。

大なわとびで、てつおさんがブレーキに……

実はもうすぐクラス対抗の「大なわとび大会」があるので、みんな本気でもえています。「ぜったい優勝めざそう!」、リーダー役のこうたさんの提案で、20分休みにも練習することになりました。だけど、何度やってもてつおさんがひっかかってストップしちゃう。

てつおさん、まじめにやってよ!

「今だ!」って声をかけても遅れちゃうし、ちゃんと足をあげて飛ばないし、なわをこわがって変なふうに体をよじっちゃうし、何度やっても流れにのれない。とうとう、こうたさんが「おまえ。ふざけてんのか?」っておこりはじめました。

練習もさぼっちゃうと、優勝できないよー

そしたらてつおさん。次の日から練習に出てこなくなってしまいました。みんながいっしょうけんめいがんばっているというのに、休み時間は一人教室に残り、そしらぬ顔で電車の本を読んでいます。このままだと、大なわとび大会の当日に、てつおさんがブレーキになってしまうことはまちがいありません!

大なわとびをまわす役ならいいと思ったんだけど、うでをまわすのもむずかしいみたい。うまくいかなかった……。

みんな苦手なことがあっても、少しはがんばるよね。練習に出てこないで本を読んでるって、どういうつもり?

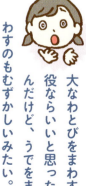

6 てつおさんの場合

なんでこうなるの？

てつおさんは、どう思っているのかな？

体が思うように動かない

自分の体がどんなふうに動いているのか、動かしている手足がどうなっているのか、考えてもよくわからない。歩くのさえ苦手なのだから、あちこちぶつかったり、ころんだりは日常《にちじょう》茶《さ》飯《はん》事《じ》。ボールとか大なわとか、動くものに自分の動きをあわせるなど、自然にできる人は天才だと思われる。

ふざけているのではない！

スポーツのルールはぼくにとって複雑で、自然におぼえることはしなんのわざである。しかも、ゲームをやりながら「こっち」とか「右」とか言われても、すぐに理解《りかい》して体を動かすことはできかねる。だいいち、いまだに左右がよくわからないのだ。

まわりからは、ふざけているように見えるらしいが、ぼくはいたって真剣《しんけん》にやっているつもり。

言っちゃ悪いけど、運動が苦手……というレベルじゃないね。べんきょうはできるのに、不思議。

なるほどー。どうしてムシするんだって、イラッてきてたけど、とっさに動くことができなかったんだね。

「こわれたロボットみたい」って笑って、ごめんなさい。

てつおさんには、こんな特徴《とくちょう》があります。

知っておきたい
自閉スペクトラム症

体を使って何かするのが苦手

てつおさんがこわれたロボットのように動いてしまうのは、決してふざけているわけではありません。自分の体をじょうずに動かすことがむずかしく、みんなが自然にできることでも、てつおさんにとっては大変な努力が必要になることが多いのです。長い時間いすにすわったり、まっすぐ歩くことすらむずかしく、毎日の生活にとても苦労しています。

ルールを自然におぼえられない

てつおさんはドッジボールなどのルールを理解することがむずかしく、みんなのように、遊びながら自然にルールをおぼえていくことができません。

マイナスの体験が記憶《きおく》に残りやすい

一度「痛い」「こわい」といった体験をすると、とてもこわくなってしまい、その場所に行けなくなってしまったり、参加《さんか》できなくなったりすることがあります。

失敗するのもこわいし、痛いのもつらい！

大なわとびは、ぼくにとってハードルが高い。リズムにのり、タイミングをあわせて、体を動かすのは非常に困難である。にもかかわらず、失敗して大なわが体にあたると非常に痛く、みなからも白い目で見られる結果となり、なきつらにはち。できれば、かんべんしてもらいたい。

練習をさぼって本を読んでるのはずるいと思っていたけど、てつおさんはそんなにつらかったんだね。

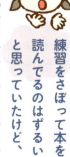

こうすれば、うまくいきそう！

1 ルールを確認《かくにん》する

てつおさんは、ドッジボールやサッカーなどの目に見えないルールを自然におぼえることができないので、絵や文字で遊び方をかいたルールブックをつくり、「①ボールをてきに投げる」「②ボールが来たら受けとる」などゲームの手順《てじゅん》を説明しました。

今まで本当はルールがよくわかっておらず、なんとなくみんなのまねをしていたのだが、ようやくどんなゲームなのか、理解できた！

2 大きな声でわかりやすく指示《しじ》を出す

てつおさんは「右」「左」「こっち」「そっち」などと言われても、とっさにわかりません。また、まわりの音がうるさいと、自分に出された指示が聞きとれないこともあるようです。ゲーム中に指示を出すときは「たろうさんに投げて」など、短く簡単に大きな声で伝えるようにしました。

大きな声なら聞きとれるし、だれに投げればいいのかわかると、ひかくてき動きやすいぞ。

CHECK POINT

体を動かすのが苦手な子にマイナスの体験をさせないために

極端《きょくたん》に体を動かすことやスポーツがむずかしい自閉スペクトラム症の子に、苦手なことを無理やりさせてしまうと、マイナスの体験になってしまい、よい結果を残しません。本人が気持ちよく参加できるような工夫ができているか、気をつけましょう。

❶本人の苦手なことや大変さを、まわりが理解できているか。子どもたちにも理解できるよう、伝えているか。

❷できないことをせめたり、本人の気持ちを無視して無理やりやらせようとしていないか。

❸ルールをわかりやすく伝え、本人が楽しく参加できるよう工夫しているか。

❹どうしても参加できない場合は別の役割をあたえるなど、柔軟に対応できているか。

3
クラス対抗戦では、きろく係りを担当する

てつおさんはふざけていたり、やる気がなかったりするのではなく、体の不器用《ぶきよう》さによりうまく動けないことを、みんなに伝えました。そのうえで、どうすれば気持ちよく参加できるか作戦会議をひらきました。

「大なわとびは、かんべんしていただきたい」というてつおさんの意見《いけん》を聞き、当日はきろく係として参加してもらうことになりました。

大なわとびのことを考えると、学校に行くのさえゆううつだったので、とても助かった。データをとるのは得意なので、きろく係は任せていただきたい！

7 てつおさんの場合

こだわりが強い・空気を読まない

文化祭で「鉄道研究」を発表することになり、リーダーになったてつおさん。鉄道へのこだわりが強すぎて、ちっともみんなの意見《いけん》を聞かない。しかも、自分の担当だけ決まったら、リーダーなのにさっさと帰っちゃう。グループなんだから、みんなで協力して進めなくちゃ。ちょっとは空気読んでよ!

リーダーになったのは、いいんだけど……

もうすぐ文化祭。てつおさんのクラスは、それぞれグループにわかれて自由研究を発表することになりました。てつおさんは、もちろん「鉄道」グループのリーダー。「全国を走るめずらしい電車を紹介《しょうかい》しよう」と決まり、はりきっています。

てつおさん。一人で話してると、話し合いにならないよ!

まずは、それぞれずかんや本を持ちより、紹介する電車を選ぶことにしました。「めずらしい電車といえば、やはりJR北海道ですね。世界的にも、これほど長大な気動車特急《きどうしゃとっきゅう》を運行している鉄道会社はありません!」、てつおさんはさっそく熱弁《ねつべん》をふるいます。だけど話はとまらず……。

まわりの人が思うこと

さすが、てつおさんはくわしいね。すごいって感心するんだけど、話が長い……。一人で話し続けるから、話し合いにならないよ。

くわしいのは感心するけど、こだわりが強すぎるんじゃない？

しかも、てつおさん。「○○社のずかんは、写真がよくない。電車への愛がない」とか「この本の解説は正しくないですね」など、ほかのともだちが持ってきた本にはケチをつけてばかり。どんどん空気が悪くなります。

ああ言えば、こう言う。人の意見も聞いてほしいなぁ

あらしさんが「長野新幹線を紹介したい」と言ったら鼻で笑って、「新幹線なんて、つまんないですよ」ですって。「いろんな電車があっていいんじゃないかな」ってあらしさんが言い返したら、「鉄道ファンは、まずこれは選ばないですね。別の電車をさがしてください」と、てつおさんはぜったいに自分の意見をゆずろうとはしません。

みんないのこりだよ。空気読んでよ！

あらしさんが紹介する電車が決まらず、けっきょく放課後までいのこることに……。みんなはずかんをめくりながら、紹介したい電車をさがすのに協力しています。なのに、てつおさんは一人『北海道の鉄道』の本に夢中《むちゅう》。

そのうえ4時になったら、「おっとアニメの時間だ」とさっさと片付《かたづ》けをはじめ、なんと「今日は、お先にしつれい！」と、みんなを残して帰ってしまいました。

なんで自分の意見ばかりおしつけて、人の意見を聞こうとしないの？　それに、てつおさんのせいで、どんどん空気が悪くなっているのに気づかないのかな？

てつおさんがダメって言ったから、ほかのみんなは、いのこりでさがしているんだよ。てつおさんも手伝《てつだ》うのが当然じゃないかな。空気読んでよ！

⑦ てつおさんの場合

なんでこうなるの？

てつおさんは、どう思っているのかな？

とくに、好きなことはゆずれない

「こだわりが強い」とか「ガンコ」などと言われますが、ぼくは一生をささげてもいいと思うくらい、心の底から鉄道を愛しているのです。鉄道さえあれば、友人などいりません。そこらへんの「にわかファン」や、ただの「電車好き」といっしょにしてもらっては困ります。

よかれと思って意見を言っているだけ

人を困らせるつもりも、おこらせるつもりも毛頭《もうとう》なく、率直《そっちょく》に意見をのべているのにすぎません。この機会に、もっとさまざまな鉄道について知ってもらい、価値ある研究発表を行うことが、自分の使命だと思っているからです。あらしさんにも、もっと鉄道について学んでもらいたいのです。

よくわからないけど、てつおさんの真剣度《しんけんど》は伝わってくる……。てつおさんとなかよく自由研究を進めたいと思っている、ぼくたちの気持ちもわかってもらえるとうれしいんだけど。

なるほどー。ぼくはバカにされたみたいでかなしかったけど、てつおさんは自分の意見を伝えることが、親切だと思っていたんだね。

てつおさんには、こんな特徴《とくちょう》があります。

知っておきたい
自閉スペクトラム症

好ききらいや好みがはっきりしている

好きなものには寝食《しんしょく》を忘れるほどのめりこむ一方で、きらいなものにはまったく興味《きょうみ》がもてず必要なことでも取り組めない……といった具合に、好ききらいが極端《きょくたん》で、まわりをおどろかせるような行動につながることがあります。

自分の意見はゆずれない

好きなものへのこだわりが、ときとして「ガンコ」と思われるような言動《げんどう》にあらわれることがあります。本人に悪気《わるぎ》はなく率直《そっちょく》な意見が言えることは長所ですが、ともだちが傷つくような言い方をしてしまったり、人の意見に耳を貸さなかったり、対話をさまたげてしまう場合もあります。

人の気持ちや空気を読むのは苦手

どちらかというと一人で行動するほうがむいているマイペースなタイプなので、まわりのようすをみながら自分のやるべきことを考えたり、相手の気持ちを察して協力したり、その場《ば》に求められる行動をとったりすることができません。人から見て自分の行動がどんなふうに映るのかを、想像することも苦手です。

自分の作業が終わったら、さっさと帰ってしまったのは、「ほかの人を手伝うほうがいい」という考えすら、思いつかないからです。

空気を読むってどういうこと？

あらしさんとみなが残って調べているのはわかっていましたが、自分の意見はすでにのべたし、やるべきことも終わっていたので、帰ってよかろうと判断したのです。空気などは読めないので、残ったほうがよかったのであれば、やるべきことを教えてもらえるとありがたい。

勝手《かって》だなって思ったけど、てつおさんは、自分が残ってみんなに協力するほうがいいかもって考えつかなかったんだね。

❼ てつおさんの場合

こうすれば、うまくいきそう！

1 チーム作業のメリットやリーダーの役割を確認《かくにん》

てつおさんはチームで協力する目的や、リーダーの役割に興味がなかったようです。先生からグループで協力するメリット（一人でやるより内容が広がるなど）や、進めるだんどり（話し合い→分担《ぶんたん》→それぞれの作業→みんなで仕上げ）を説明しました。そして、みんなの意見を聞き、まとめるのがリーダーの役割であることを確認しました。

鉄道のことになると熱くなりすぎて話しすぎてしまうけいこうがあったので、ルールが決まっていれば、見通しがもてて助かります。

2 話し合いのルールを決める

率直に意見を言えるところはてつおさんの長所ですが、その意見で傷つく人もいることを話しました。そのうえで、「①発言は一人3分以内」「②順番《じゅんばん》に一人ずつ話す」「③ともだちの意見に聞く耳をもち、全否定しない」など、話し合いのルールを決め、てつおさんに伝えました。

他人がどのような言《こと》葉《ば》で不快になるのか想像することができなかったので、教えてもらいおどろいた。自分とちがう考えもあるのですね。

CHECK POINT

こだわりの強さを、チーム作業にいかすために

こだわりが強いタイプの自閉スペクトラム症の子は、どちらかというと個人プレーが得意で、チームでの作業が苦手。

彼らの長所をチームでの作業にいかすためには、ちょっとした工夫が必要です。

❶作業のだんどりや、役割分担がはっきりしているか。

❷得意なことをいかして参加《さんか》できる工夫ができているか。

❸独壇場《どくだんじょう》にならないように、話し合いのルールなどが決まっているか。

❹ほかのともだちの作業に協力できるよう、具体的にやってほしいことを伝えているか。

3 やるべきことは具体的《ぐたいてき》に伝える

てつおさんはまわりのようすを察して動くことができないので、「まだ、終わっていないから、こっちを手伝って」、「この本から、候補《こうほ》を選んで」など、具体的にやってほしいことをお願いすることにしました。

先生が、「あと30分やってから、みんなで帰ろうね。それまでに決めよう」と時間をくぎることにより、みんなで協力して進めることができました。

ほかにも紹介したい電車は山ほどあるので、候補を選ぶのは、いくらでもできます。なるほど。みなで協力すれば早く終わりますね。

8
すみれさんの場合

楽しいはずの行事が、楽しめない！

みんなが楽しみにしていた夏休みのキャンプ！
だけど、すみれさんはキャンプ場にむかうバスの中から、ずっとうかない顔。
どんどん元気がなくなっていくから、おともだちが心配《しんぱい》しています。
バーベキューがはじまると、ますますつらそうなようす。いったいどうしたの？

みんなが楽しみにしていたバーベキュー！

いよいよ夏休み！　みんなが楽しみにしていた一泊二日のキャンプ。朝早く学校に集合し、バスに乗って、森の中のキャンプ場にむかいます。「星がとってもきれいなんだって」「カブトムシもとれるらしいよ」「早く川で泳ぎたいなぁ」。みんなわくわく。バスの中から、もりあがっています！

なんだか、すみれさん、元気ないね……

だけど、すみれさんは、一人だけずっとうかない顔……。気分でも悪いのかな？　それとも、何か心配なことがあるのかな？　お母さんとはなれるのがいやなのかな？

まわりの人が思うこと

すみれちゃん、朝からずっと元気がないの。「どうしたの？」って話しかけても教えてくれないし、気になるなぁ……。

あれ？　すみれさんがいなくなっちゃった？

楽しい一日はあっというまにすぎていきます。夜になり待ちに待ったバーベキューがはじまりました。「うわー。大きなお肉だな」「ソーセージもあるよ」「最後は焼きそばだね！」。みんなはわいわい、準備にもりあがっています。「お肉が焼けたよ。みんな集まって！」「あれ？　すみれちゃんがいない」。

気分が悪くなっちゃったんだって。だいじょうぶ？

心配してさがしに行ったあきさんが木かげのベンチでしょんぼりしているすみれさんを発見。「どうしたの？　みんな心配しているから、もどろうよ」って声をかけます。すみれさんは、バーベキューのにおいで気分が悪くなっちゃったんだって！

そういえば、すみれさんは給食のにおいも苦手みたい。ときどき「オエッ」ってなってる。しかも、「キュウリだけはのぞいてほしい」とか、「どうしてもカレーは食べられない」とか注文が多いから、給食係さんが「わがまますぎるよ！」っておこっちゃったこともありました。すみれさん、好ききらいが多いのかな？

楽しい一日のはずなのに、つらそうだから、心配だよ

あきさんにうながされて、バーベキュー会場にもどってきたすみれさんだけど、なんだか暗い。気分も悪そうだし、せっかくのキャンプが楽しくないのかなぁ？

すみれちゃん。ずっと暗い顔で、ちっとも楽しそうじゃない。せっかくもりあがっているのに、こっちまでテンションさがっちゃうよ。

お肉の焼けるいいにおいで、気分が悪くなるなんて、そんなことがあるの？

一人にしておくのも心配だから、つれてきちゃったけど、なんだか、つらそう。どうしてあげたらいいんだろう。

⑧ すみれさんの場合

なんでこうなるの？

すみれさんは、どう思っているのかな？

みんなと感じ方がちがうみたい

みんなが平気な食べものが食べられないし、においが気になるし、音や光も苦手。どうやら、みんなとわたしは感じ方がちがうみたい。ぐちゃぐちゃまざってる食べものはとくに苦手だから、給食はだいたいどれも食べられない。ほんの少しよそってもらって、いつも、すごくがんばって食べているの。

本当に苦しいのに、わかってもらえなくえて、つらい

わたしがダメなのは、給食や食べものだけじゃないんだよ。タバコや香水のにおいでくらくらしちゃったり、空気のもわーっとした感じで気分が悪くなったりすることもある。だから、バスや電車に乗るのも苦手なの。

キャンプに行くとき、長い時間バスに乗っているだけで、すごくつかれちゃった。「そんなことで、具合が悪くなるなんて、あ

すみれちゃん。味やにおいを強く感じるタイプなんだ。そんな人がいるなんて、知らなかった。

ぼくたちが楽しみにしている給食が、食べられないなんて、かわいそう。

苦手なものがそれだけ多いと、すごく大変だよね。バスの中でもつらかったんだー。

りえない」って思われているのが、つらい。

本当はみんなといっしょに楽しみたいの

みんなが楽しそうにしていると、うらやましいなぁって思うし、本当はみんなといっしょに楽しみたい。だけど、バーベキューのにおいやけむり、キャンプ場の音楽やいろんな音が気になって、わたしはちっとも楽しめないの。心配かけちゃって、ごめんね。

すみれちゃんといっしょに楽しむには、どうしたらいいのかな。

すみれさんには、こんな特徴《とくちょう》があります。

知っておきたい
自閉スペクトラム症

においに対する感覚《かんかく》がするどい

すみれさんもだいすけさんと同じ、感覚の過敏《かびん》をもっています。すみれさんはとくににおいをすごく強く感じてしまいます。

中でもバスや電車などの閉じこめられた空間や、焼肉・バーベキュー・タバコ・香水などの強いにおいで、気分が悪くなってしまうこともあるようです。

味や舌ざわりも強く感じる

味や舌ざわりも強く感じてしまうため、口にいれた感覚が苦手だと、食べることがこわくなります。また、味がまざるのがいやで、ぐちゃぐちゃしたサラダや、いろんなものをいっしょににこんだにこみ料理などが食べられません。

食べたことがないものや、おなじ食べものでも形状がちがうものを食べることに、抵抗《ていこう》感《かん》があります。

苦手なことをがまんしてしまう

小学校低学年くらいまでは、「こんなにおいが苦手」「味がダメ」など、苦手なものを言葉《ことば》にすることができませんでした。自分とほかの人の感覚がちがうということに気づけないため、「みんなもがんばっているんだから、がまんしなくちゃ」「わがままだと思われたくない」と考え、無理をしていたのです。

こうすれば、うまくいきそう！

1 ちがうように感じていることを、理解《りかい》する

まず、すみれさんがどんなにおいや音が苦手なのか、どんなときにつらかったのか、ゆっくり聞いてみることにしました。

そして、クラスのみんなとすみれさんでは感じ方がちがうことを確認し、すみれさんがいやがるときは本当に「つらいんだ」ということを、クラスのみんなにも知ってもらいました。

「わがまま」「変な子」って思われることが苦しかったから、わかってもらえてうれしい。

2 苦手な感覚は、なるべく遠ざける

すみれさんの苦手なものを聞いておき、あらかじめとりわけておくことにしました。カレーなどにおいが強くすみれさんが苦手なメニューの日には、別の部屋に行って持ってきたお弁当を食べることもＯＫにし、無理しないように伝えました。

できれば、みんなといっしょに食べたいけど、気分が悪くなりそうなときは、別のところに行くことにするね。無理しなくていいんだってわかったら、安心できた。

CHECK POINT

感覚のちがいを、わかって！

　自閉スペクトラム症の子の中にはにおい、舌ざわり、食感、味などに敏感《びんかん》な人も少なくなく、食べ物にも独特のこだわりがあらわれることがあります。給食やバーベキューなどの行事でつらい思いをしている場合もあるので、注意してあげましょう。

❶感覚の過敏の有無を、まわりが把握《はあく》できているか。

❷きらいなものを無理やり食べさせたり、「好ききらいはいけないこと」というプレッシャーをかけていないか。

❸苦手なものをさけたり、苦手だと言えるスキルを本人が身につけているか。

❹本人が自分のペースで参加できるような工夫と声かけができているか。

3
行事に無理なく参加《さんか》できる方法を考える

　バスの中ではできるだけ静かな後ろのほうの席に座ってもらい、ヘッドフォンをしてもらうなど、工夫しました。

　バーベキューのときも、マスクをしてもらい、けむりやにおいが来ない風上《かざかみ》で待っていてもらうことにしました。

　すみれさんが好きなソーセージを、あきさんが届け、ベンチに座っていっしょに食べました。

参加できなくてかなしい、なんとか参加しなくちゃって思って苦しくなっていたの。あきちゃんと食べたソーセージはとってもおいしかった。いい思い出になったよ。

9 すみれさんの場合

気持ちのきりかえができない

すみれさんは、とってもナイーブ。
いちどへこんじゃうと、なかなか立ちなおれず、長く落ちこんでしまうみたい。
今日も何かがあったらしく、朝からずっと元気がない。
体育の時間、調子が悪そうだから、保健室に行ってもらった。だいじょうぶかなぁ？

朝から、元気がないすみれさん。ちょっと心配……

おとなしくてひかえめなすみれさんは、自分の気持ちを人に話すのは苦手みたい。いやなことがあっても、なかなかそれを言わないし、「どうしたの？」って聞いても答えてくれないときがある。今日も朝から元気がないから「何かあったの？」って聞いたら「なんでもない」ってうつむくだけ……。

すみれさん。どうしたの？

4時間目の体育の時間。すみれさんは体操もしないで、ずっと立ちつくしてる。同じ班のあきさんが「おなかが痛いんじゃない？」って聞いても、つらそうにしているだけ。心配なので、先生と相談し、保健室に行ってもらいました。

まわりの人が思うこと

すみれちゃん。体の調子が悪いなら、言ってくれたらいいのに。ともだちだと思ってくれてないのかなぁ。

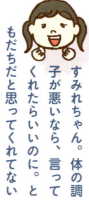

おなかが痛いんじゃないのかな？

保健室の先生が「どうしたの。すみれさん？」「おなかが痛いの？」って聞いても、すみれさんはだまったまま。「何かいやなことがあったのかな？」「なんでもいいから思ったことを話してみて」って言ったら、しくしく泣き出してしまいました。

すみれさん、先生に注意されたことを気にしていたんだ？

泣きながら、すみれさんはぽつりぽつりと、「私はできないことが多いから、先生は私のことがきらいなんだと思う」「いつも、私ばかり注意されているような気がする」と話してくれました。

そういえば、1時間目の国語の授業中《じゅぎょうちゅう》に、すみれさんのとなりの席のあかねさんが、「きのうのミュージックパラダイスみた？」って、すみれさんに話しかけてきて、先生から「そこの二人、静かに！」って注意されていた！

そんなに気にすることないんじゃないかなぁ

すみれさんは話しかけられたから「みてない」って答えただけで、悪いことはしていないのに、先生からおこられたことを、ずっと気にしていたのかなぁ。先生もそんなにおこっていなかったし、そこまで気にすることでもないと思うんだけど……。

体の調子が悪いのかな？　それとも何かいやなことがあったのかな？　話してくれないから、わからないわ。

すみれちゃん。まさか、1時間目に注意されたことを、給食の時間までひきずってたの？？？

すみれちゃんは悪くないんだし、落ちこむことないと思うよ。

⑨ すみれさんの場合

なんでこうなるの?

すみれさんは、どう思っているのかな?

小さなことでもすごく気になる

わたしは、完《かん》ぺき主義なのかな? 忘れものをしたり、まちがえたり、ちょっとしたことでもすごく気にしてしまうみたい。先生におこられたり、ともだちにいやなことを言われると、ものすごくへこんでしまう。「わたしはなんてダメなんだろう」って、自分をせめてしまうし、どんどん落ちこんで、なかなか気持ちをきりかえることができないの。

気持ちがへこむと、体も動かない

考えれば考えるほど、暗い気持ちになるし、悪いほうにむかっていくの。みんなにきらわれているんじゃないかとか、先生はずっとおこっているんじゃないかなぁとか、いやな想像ばかりしてしまう。

ほかのことが手につかなくなるし、おなかが痛くなったり、気

すみれちゃん。がんばりやさんだし、きっちりしているものね。そんなに、無理しなくてもいいのに。

授業中に二人が話していたから、軽く注意しただけ。すみれさんが、そんなに気にしていたなんて、気づかなかったわ。ごめんなさいね。

私たちにはたいしたことないことでも、具合が悪くなるほど、ずっと気にしちゃうんだね。

分が悪くなったり、体の調子も悪くなっちゃう。

ぐるぐる思考にはまりこむ

ひとつのことにとらわれて、頭の中がぐるぐるしはじめると、自分ではどうしようもない……。小さいころ「地震《じしん》がおきたらどうしよう」「遠いところにいたら、家に帰れない」と心配《しんぱい》で、外に出れなくなったことがあったくらい。だれかお願い。このぐるぐる思考をとめて！　このままだと学校に行くのもこわくなる。

１時間目にあったことを４時間目まで、ずっと気にしてたんだね。「すみれちゃんは悪くないよ」って言ってあげたらよかったのかな？

すみれさんには、こんな特徴《とくちょう》があります。

知っておきたい
自閉スペクトラム症

不安が強い

すみれさんは小さなころから苦手なものが多かったり、感覚《かんかく》の過敏《かびん》があったりするため、不安が強く、いつもびくびくしています。また、対人関係に対する苦手意識から、ひっこみじあんな性格になってしまっており、ちょっとしたことでひどく落ちこんでしまうのです。

想像力が暴走してしまう

けれども自分の気持ちを言葉《ことば》にすることも苦手なので、一人であれこれ考えすぎてしまいます。ときには考えすぎているうちに事実を悪いほうに悪いほうにとらえてしまったり、「みんなにきらわれている」と極端《きょくたん》な思いこみをもってしまったりすることもあります。

不安が体の不調にあらわれやすい

気持ちをきりかえることが苦手なため、ストレスをかかえこみやすく、体の不調にあらわれることがあります。やる気がでない、だるい、ねむれない、はき気がする、おなかが痛い、頭が痛いなど、さまざまな不調としてあらわれます。

9 すみれさんの場合

こうすれば、うまくいきそう！

1 おだやかにやさしい声かけを心がける

すみれさんは、大きな声や乱暴な話し方が苦手で、「おこられた」「きらわれた」などと思いこんでしまうことがあるようです。すみれさんに何か伝えたいときは、「静かに！」など強い口調はさけ、「静かにしようね」など、できるだけおだやかにやさしく話すように心がけました。

強い口調で言われると、こわくなってしまうけど、やさしく伝えてもらうと、わたしもおちついて聞くことができる。

2 気にしていることを確認《かくにん》し、解説する

落ちこんでいるときは、かならず理由があるので、すみれさんが何を気にしているのか確認します。そのうえで、「先生は静かにするように伝えただけで、おこっていないよ」「すみれさんは悪くないから、安心して」など、状況《じょうきょう》を伝えることにしました。

先生がおこっていて、わたしのことをきらっているんじゃないかと思いこんでいたから、そうじゃないんだとわかって、ほっとしたよ。

CHECK POINT

不安をやわらげるためには安心できる経験が大切！

　自閉スペクトラム症の子の不安をやわらげ、自信をつけさせていくためには、まわりにサポーターをふやし、「思っていたより平気だった」「やってみたらうまくいった」という経験をつんでいくことが大切です。

❶不安をふやすような乱暴《らんぼう》な声かけ、話し方をしていないか。

❷不安そうなときは、原因を聞きだし、不安をやわらげるためのサポートをしているか。

❸思いこみや誤解があるときは、修正し、状況を説明しているか？

❹本人が気持ちをきりかえ楽しいことに目をむけられるよう、遊びにさそうなどのはたらきかけができているか？

❺いやなことを忘れて思いっきりうちこめる趣味《しゅみ》や、好きなことがもてているか。

3 気持ちがきりかえられるよう、楽しく遊ぶ

すみれさんが、なかなか気持ちがきりかえられないでいるときは、「だいじょうぶだよ」となぐさめても、むだなようです。なので、どんどん不安が大きくならないように、すみれさんの好きな音楽の話をしたり、マンガをかいたり、気分てんかんができるような楽しいことをやるようにしました。

不安で、不安で、心がおしつぶされそうだったから、「いっしょに遊ぼう」「お絵かきしようよ」って声かけてもらってうれしかった。

⑩
そうたさんの場合

いつもとちがうと、大パニック

「ひまわり組」に通う5年生のそうたさん。通学路でいっしょになるけど、いつも遠まわり。毎日、同じルートで通学してる。登校したあとも、教室に入るまでに時間がかかるの。今朝《けさ》はごきげんで登校したのに、いつもの場所にかさ立てがなかっただけで、パニック。雨でもないのに、かさ立てがそんなに大事？

毎朝、花だんをとおって教室へ。何か決まりがあるのかな？

そうたさんは、毎朝、学校に来たら、やることが決まっています。正門で警備員《けいびいん》さんに「おはようございます！　よろしくお願いします」とあいさつ。すぐに校舎には入らず、花だんのまわりをぐるりとまわって、ウサギ小屋を確認《かくにん》し、げたばこでくつをはきかえ、かさ立てに入っているかさの向きと色をそろえてから、廊下《ろうか》のはしっこを歩いて、自分の教室へ。

大ピンチ！「いつものかさ立てがない?!」

ところが今朝はいつもとようすがちがいます。かさ立てがこわれていたので、用務主事の山田さんが修理《しゅうり》のため移動していたのです。いつもの場所にかさ立てがないの

まわりの人が思うこと

なんで、いつも同じことをするのかな？　変なの。急ぐときには近道するとか、省略《しょうりゃく》するとか考えないのかな？

かさ立てがみつからないだけで、急にさけびだしてびっくりだよ。

に気づいたそうたさん。泣きさけんで大パニック！

廊下を走り回るとあぶないよ！

パニックを起こしたそうたさんは、さけびながら、廊下をぐるぐる走り回ります。「あぶないよ」。みんなが声をかけるけど、耳をふさいでとまってくれません。

そうたさんが、いなくなった！

山田さんが追いかけようとすると、すごいスピードで、階段をかけのぼり、にげていってしまいました。あっというまのできごとに、みんなは、あぜん。「おーい」「そうたさーん、どこに行ったの？」「教室にもいないみたい」。いったいどこに行ってしまったのでしょうか？

カーテンでぐるぐる巻き。いったい、どうしたの？

「家にも帰っていないらしいよ」「だったら、学校にいるのかな？」。「おーい。そうたー」先生もクラスメイトもみんなでそうたさんをさがします。

そしたら、そうたさん。なんと、音楽室のカーテンで、ぐるぐる巻きになっていました。「そうたさん。出ておいで」「ほらほら。もうすぐ朝礼がはじまるよ」。先生が声をかけても、かたくなに出てこようとしないのです……。

そうたさん。どうしちゃったの。いつもはニコニコおとなしいのに、いきなりおこり出すから、どうしたらいいのかわからないよ。

みんながとめても、ふりはらって走って行っちゃった。

なんでカーテンの中にいるのかしら？　そういえばつくえの下とか、ロッカーの中とかせまいところが好きよね？

⑩ そうたさんの場合

なんでこうなるの？

そうたさんは、どう思っているのかな？

いつもの道、いつもの順番《じゅんばん》が安心できる

ぼくにとって、いつもとちがうやり方、ちがう順番でするのは、とてもつらいこと。

いつもの道をとおって、学校について、一番にすること、二番にすること……というふうに、決まっていると安心できる。ものの並べ方にもこだわりがあるよ。

同じじゃないと、おちつかない

ジグソーパズルのピースがひとつかけていると、パズルはできないでしょう？　並べ方がちがっていても、ダメだよね。それと同じで、ひとつでもなかったり、ちがっていたりすると、すごく気持ちが悪くなるんだ。

いつものかさ立てが、いつもの場所になかったので、次に何をしていいのかわからなくなってしまったんだ。

そうたさんには、いつもどおりにしたい理由があるのね。

そうたさんの頭の中には、すごーく細かいところまで決まった設計図があるみたいな感じ？

でも、いつもとちがうことはたくさんあるわよね。困るんじゃないかしら？

そうたさんには、こんな特徴《とくちょう》があります。

知っておきたい
自閉スペクトラム症

自分のルールがある

　そうたさんは、ものの並べ方、時間のすごし方、行動の順番など、こだわりがたくさんあります。変化が苦手なので、自分のルールや手順《てじゅん》をきっちり守って生活しています。

予想外のできごとに対応できない

　いつもとちがうことがあると、どうふるまっていいのかわからなくなってしまいます。予想しなかったことがおきると、パニックになり、その場で固まってしまったり、大声をあげたり、泣きだしてしまうこともあります。

自分の気持ちをうまく表現できない

　知的障害があるそうたさんは、自分の気持ちを言葉《ことば》にすることができません。みんなが同時に声をかけたり、大きな声で呼びかけたりして、刺激《しげき》が多いとパニックが増長します。

せまいところがおちつく

　苦手な刺激からにげるために、カーテンの中、ロッカーの中、机の下などのせまい空間ににげこむことがあります。

せまいところ、静かな場所がおちつく

せまいところに入りこむのは、いやな音や困ったことからにげたいとき。大きな声で呼《よ》ばれたり、みんながバタバタしていたりすると、こわくなる。一人になっておちつきたいときに、自分の好きな場所に行くことにしているんだ。音楽室のカーテンは、さわりごこちもいいから、気持ちがおちつくの。

なんでにげるんだろうって不思議だったけど、みんながさわいでいたので、こわかったのね。わたしたち、おこっていたわけじゃないのよ。

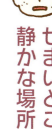

こうすれば、うまくいきそう！

1
「いつもどおり」を大事にする

そうたさんが安心して学校に来られるよう、いつも同じ順番で行う行動について、みんなで理解《りかい》し、尊重《そんちょう》することにしました。いつもどおりできなくなると、そうたさんが不安になるので、ものの場所や並べ方など決められたルールは、みんなで守ることにしました。

同じ場所に同じものがあると安心だなぁ。

2
変わるときは、前もって知らせる

ものを動かすなど変化がある場合や、いつもしている行動ができない事情《じじょう》があるときには、前もって知らせておくことにしました。「今日は、かさ立てがありません」など、写真や絵を使い、そうたさんがわかるように説明します。

今日はかさ立てがないんだなって、わかっているから、パニックにならなかったよ。

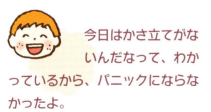

CHECK POINT

パニックには、理由がある!!

自閉スペクトラム症の子の多くは、自分のルールをもっていて、人にあわせるのは苦手です。また、いつもとちがうことや、予想ができないことがおきると、どうふるまえばいいのかわからなくなる場合があります。

❶その人のルールや順番をまわりが理解し、大切にできているか。

❷変化がある場合や、いつもと同じことができない事情があるときに、前もって本人がわかるように知らせているか。

❸パニックをおこしたり、混乱《こんらん》してしまったときに、刺激が少ないおちつける場所はあるか。

❹パニックなどに対して、まわりがおちついておだやかに対応できているか。

3 大声でなく、おだやかに声をかける

カーテンにくるまることで気持ちをおちつかせているようすだったので、おちつくまでしばらく待つことにしました。少ししてから、おだやかに「だいじょうぶだよ。出ておいで」と声をかけました。そうたさんが好きな電車の本をみせ、「これを読もうか」と話しかけたら、安心して出てくることができました。

先生もみんなもわいわいさわいでいたから、おこっているみたいでこわかったけど、カーテンにくるまっていたら安心できた。電車の本もありがとう。

⑪ そうたさんの場合

会話がとんちんかん

そうたさんって、本当に変わってる。会うたびに「たんじょうびはいつですか?」って質問《しつもん》してくるから、正直《しょうじき》めんどうくさい。なのに、こっちが話しかけても、まったく答えてくれなくて、知らんぷり。そうたさんと楽しくおしゃべりするには、どうしたらいいのかな?

何度も「たんじょうびはいつですか?」って聞いてくる

そうたさんは、休み時間に廊下《ろうか》で会うといつも「たんじょうびはいつですか?」って聞いてくる。もう、何度も答えているのに、同じ質問ばかり。「5月です」って答えたら、返事もせずにゲラゲラ笑ってどこかに行っちゃった。

そうたさん、しつこすぎるよ

同級生のまりかさんのことが気になるみたいで、まりかさんに何度も「たんじょうびはいつですか?」って、聞くんだよ。給食当番のときや、しつこく質問をくりかえすから、まりかさんはうんざりしてるみたい。

まわりの人が思うこと

答えはわかっているはずなのに、同じことばかりなんで聞くの?

しつこく質問をくりかえすのはどうして? めんどうくさくなっちゃう。

人がいやがることを聞いてくるの、いじわるなのかなぁ？

同じ班のゆうじさんには、「さかあがりできる？」って聞いてくるの。さかあがりができないゆうじさんは、聞かれるたびに「イラッ」としているんだけど、「できないよ」って答えるまで、しつこく質問をやめないんだから、いじわるだよね。

そうたさん、聞こえていないのかな？

なのに、おともだちが話しかけても、知らん顔でムシするんだから不思議。交流学級でなかよくしているりょうたさんがそうたさんに、「今日の放課後どうする？」って聞いたのに答えてくれません。「どうする？」って聞いたら、「どうする？」ってオウム返し。まったく会話が成立しない……。

いきなり「痛いよう。痛いよう」って、さけび出した！

りょうたさんが「遊ぼうか？」って聞いたら、いきなり大きな声で「痛いよう。痛いよう」ってさけび出した。どうしたんだろうって、みんなふりむくし、りょうたさんも困ってるよー。

さかあがりができないのを知ってるのに、何度も聞かれたらいやになるよ。人の気持ちは考えないのかなぁ。

「どうする？」ってきかれて、「どうする？」ってそのまま言い返してくるのは、なぜ？　意味がわかっていないのかなぁ。

ぼくは、痛いことなんて何もしてないよ。

⑪ そうたさんの場合

なんでこうなるの？

そうたさんは、どう思っているのかな？

同じやりとりが安心する

質問して思ったとおりの答えがかえってくると安心する。だから、「たんじょうびはいつですか?」って聞いて、「5月5日」って答えてもらえると、うれしくなる。「5月」だけだとなんかちがう。だから、期待している答えが返ってくるまで、何度も質問しちゃうの。

人の気持ちは見えないし、わからない

やりとりが楽しいだけだから、まりかさんやゆうじさんの気持ちは、よくわからない。ぼくは楽しいけど、まりかさんやゆうじさんは楽しくないのかな？

ゲームでもやっている感じなのかな？ 答えを知りたくって聞いているわけじゃないのね。

同じパターンのやりとりが安心できるんだね。いじわるしてるんじゃなかったんだ！

思い出した言葉《ことば》を言っただけ

「どうする?」の意味がわからなかったから、そのままの言葉を返したの。そのあと、「遊ぼうか?」って言われて、遊んでけがをしたときのことを思い出した！「痛いよう」ってぼく泣いたんだ。そのときの言葉をそのまま言ってみた。

「どうする?」という質問だと、何を答えていいのかわからなかったんだね。今度から、気をつけるよ。

そうたさんには、こんな特徴《とくちょう》があります。

知っておきたい
自閉スペクトラム症

パターン化したやりとりが好き

そうたさんが同じ質問をくりかえすのは、パターン化したやりとりを楽しんでいるからです。いつもとちがう答えが返ってくると納得《なっとく》できず、期待する答えが返ってくるまで何度も同じ質問をしてしまうこともあります。

質問に答えることがむずかしい

知的障害もあるそうたさんは、話の内容を理解《りかい》して、相手の答えに応じて会話を進めることができません。オウム返しになるのは、何を質問されているのか意味がわからないからです。自分の気持ちや考えを言葉にするのはむずかしく、「どうする？」「どうして？」などの質問には答えられないのです。

相手の気持ちはわかっていない

さかあがりができないゆうじさんや、しつこくされていやがるまりかさんの気持ちは考えられず、「いやがっているよ」と教えても、想像することがむずかしいようです。

⑪ そうたさんの場合

こうすれば、うまくいきそう！

1
答えられるときには答えることにする

決まったやりとりをすることで、そうたさんは安心するようなので、とくに問題がない場合はパターンどおりに答えます。ただ、しつこくくりかえして終わらない場合は「そうたさん。おしまい！」と言って、きりあげることにしました。

質問をして期待どおりの答えが返ってくると、この人はぼくの話を聞いてくれてるんだなぁって安心する。

2
いやな質問は「ダメ」とやめさせる

相手にとって、いやな質問や困る質問は、「答えません」ときっぱり伝え、やめさせることにしました。「相手がいやがっているよ」「困っているから、やめようね」などと伝えても人の気持ちを推察《すいさつ》するのがむずかしいので、「その質問はダメです」「楽しくないです」とはっきり制止《せいし》します。

ダメなときは「ダメ」「おしまい」って、はっきり言ってもらうほうがよくわかる。

CHECK POINT

会話がむずかしくても、コミュニケーションは楽しめる！

言葉が少なく会話がむずかしいタイプでも、コミュニケーションを楽しむことができます。その子が何に注目していて、どんなことを考えているのか想像してみましょう。

❶わかりやすい言葉や、その子にあわせた方法で、こちらの思っていることや、聞きたいことを伝えているか。

❷こちらの価値観や好みをおしつけず、その子の気持ちや言いたいことを想像し、くみとっているか。

❸質問があるときには、絵カードを使う、どちらか選んでもらうなど、わかりやすい方法を使っているか。

❹たとえとんちんかんでも、その子なりの、会話のやりとりを楽しめているか。

3 質問に答えやすいように、工夫する

そうたさんは、相手の質問の意味がわからなくて、オウム返しになることがあります。「どうする?」「どう思う?」などの質問はむずかしく、自分の気持ちや状況《じょうきょう》を伝えることができないのです。

なので、本当に確かめたいことがある場合は、選択肢《せんたくし》を示して選んでもらうことにしました。

「今からパズルとトランポリンとどっちで遊ぶ？」と聞かれたから、「パズル」って答えたよ！

⑫ そうたさんの場合

ようすがおかしい。話しかけても、ムシ？

今日は地元《じもと》の神社のお祭り！　屋台にぼんおどり、楽しいことがもりだくさん。だけど、お祭り初参加《はつさんか》のそうたさんは、なんだか、そわそわ。おちつかないようす。先生が「そうたさん」って声をかけても、おともだちが話しかけても、耳に入らないみたい。一人でぴょんぴょん、ひとりごとを言い続け、ちょっとこわい。そうたさん。どうしたの？

まわりの人が思うこと

大きな声で呼《よ》んで、手まねきしたんだけど、聞こえなかったのかな？

そうたさん。お祭りだよ

毎年、地元の子どもたちが楽しみにしているお祭りの日。神社にはにぎやかなおはやしがひびき、ところせましと屋台が並びます。お祭り初参加のそうたさんもお母さんにつれられて、神社にやってきました。

なんで声をかけてもムシするの？

「そうたさん。みんな、いるよー。こっち、こっち！」。

そうたさんをみつけた同級生のゆかりさんが、遠くから声をかけます。手まねきするけど、そうたさんは知らん顔。ゆかりさんの声が聞こえないのかな？

そうたさん。カメさんだよ。こっちにおいでよ！

「ほら、見て！　カメさんがいるよ」、「こっち。こっち」。ゆかりさんは、そうたさんに「カメすくい」のカメを見せたくって、指《ゆび》さすのだけど、やっぱり、そうたさんは知らん顔です。

げらげら笑いながら、ぴょんぴょんとんでる！　どうしたのかな？

そうたさんは屋台をみようともせず、はなれた場所で、一人ぴょんぴょんとんだり、ぐるぐるまわったり。ときどき「そうぶせん！」とさけんだり、大きな声でげらげら笑ったり。なんだかようすがおかしいのです。

そうたさん。先生だよ！

担任のみどり先生も今日は浴衣《ゆかた》で、お祭りにやってきました。
そうたさんをみつけて「こんばんは」と声をかけたけど、そうたさんはぷいっと顔をそらせてしまいます。なんと、先生のこともムシ？　お母さんが「そうた。先生だよ。あいさつは?」ってうながすけど、無言《むごん》でむこうに行ってしまいました。

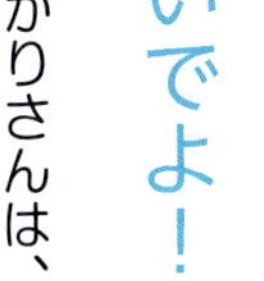

せっかくカメを見せようと思ったのに、そうたさんはお祭りがきらいなのかなぁ。

そうたさん。なんだか、いつもとようすがちがうよ。ひとりごとを言ったり、大声で笑ったり。

まさか先生のことも忘れちゃったの？　いったい、どうしたの。そうたさん、ごきげんが悪いのかなぁ。

⑫ そうたさんの場合

なんでこうなるの？

そうたさんは、どう思っているのかな？

遠くから話しかけられても、気がつかない

ぼくのことを呼んでいたの？　自分に話しかけられていても、うるさい場所だと、いろんな音と人の声がたくさん聞こえて、気づかないことが多い。とくに遠くから声をかけられたり、手まねきされても、自分に話しかけられているってわからない。

印象がちがうと、同じ人だとわからない

先生やクラスメイトは学校にいる人、親やきょうだいは家にいる人と思っているので、別の場所で会うとびっくりするし、すぐに同じ人だとわからない。

それに、ぼくは人を、めがね、ひげ、洋服など気になるところでおぼえてる。だから、いつもめがねをかけている先生が、めがねをはずして浴衣を着ていると、先生だってわからないよ。

呼んでも、手まねきしても反応がないから、「どうしてムシするの？」ってがっかりしちゃったけど、そうたさん、うるさい場所だと、自分が呼ばれているって、気づけないんだね。

わたしが浴衣を着ていたから、そうたさんはわからなかったのね。そうたさんをおどろかさないように、ちゃんと「みどり先生だよ。こんばんは」って、あいさつすればよかったわね。

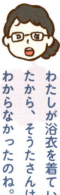

そうたさんには、こんな特徴《とくちょう》があります。

知っておきたい
自閉スペクトラム症

呼ばれてもわからないことがある

遠くから呼ばれたり、うるさい場所で声をかけられたりしても、話しかけられていると気づくことができません。指さしや手まねきも苦手なので、ジェスチャーがつうじないことがあります。

いる場所や特徴で人を見わける

人を場所（学校＆店など）とセットでおぼえていたり、ひげ・めがねなど一部の気になるところで見わけています。いつもとちがう場所で会ったり、特徴が変わってしまうと、同じ人なのかわからなくなります。

ひとりごとを言う

テレビなどで聞いて気にいったフレーズや好きな電車の名前などをくりかえし、ひとりごとを言うことがあります。だれかに話しかけているわけではないのですが、何か伝えたいことがあるのかもしれません。ひとりごとをきっかけに会話がうまれる場合もあるので、何を伝えたいのか想像してみましょう。

ぴょんぴょんはねたり、ぐるぐるまわる

とくにいつもとちがう場面で、興奮したり、混乱《こんらん》したり、気持ちのコントロールができなくなると、はねたり、まわったりすることが多いようです。とても楽しいときや、うれしいときに、テンションが高くなり、ぴょんぴょんすることもあるようです。

どうしたらいいのか、わからないから、ぴょんぴょんしてた！

お祭りは、はじめてだったから、どんなところかわからなくて困った。いつもの神社がいつもとちがうし、たくさん人がいて、にぎやかな音がいっぱいで、どうしていいのかわからなくなった。ぴょんぴょんとんだり、ぐるぐるまわったりすると、ちょっとおちつく。

そうたさん。楽しいとか、困ったとか、おどろいたとか、いろんな気持ちがわいてきて、どうしたらいいのかわからなかったんだね。

⑫ そうたさんの場合

こうすれば、うまくいきそう！

1 混乱しないよう、事前に説明する

状況《じょうきょう》がわからないと、混乱し不安になってしまうことがあります。なので、「今日は神社のお祭りです。お店がいっぱいでます。ぼんおどりをおどります。ともだちや先生はみんな浴衣を着ていきます」など、絵や写真を使いわかりやすく説明しました。

お祭りがどんなことなのか、だれが来るのか、前もってわかっていたから、困ることが少なかったよ。

2 なるべく近づき、名前を呼んで話しかける

遠くからではなく、「そうたさん。こんばんは」と、正面から名前を呼び、話しかけます。いつもとちがう場所で会うときには、「みどり先生だよ」と、安心できるように自《じ》己紹介《こしょうかい》をすることにしました。指さしもわかりづらいので、「この指の先にカメがいるよ」など、わかりやすく伝えます。

ゆかりさんと先生が話しかけてくれて、カメも見ることができて、うれしかった。

CHECK POINT

はじめてのチャレンジが楽しい経験になるように!!

はじめてのことや情報《じょうほう》が多い場所が苦手なタイプの場合、混乱してしまうと、楽しく参加できません。はじめてのチャレンジが楽しい経験になるよう工夫しましょう。

❶「どんな場所で」「だれがいて」「何をするのか」など、本人がイメージできるような具《ぐ》体的《たいてき》な情報が、本人にわかりやすく伝えられているか。

❷本人がどんな気持ちなのかを想像しながら、コミュニケーションをとる努力ができているか。

❸混乱していることであらわれている行動を、その背景《はいけい》を考えずに、「ダメ」などと一方的に禁止していないか。

❹本人が自分のペースで参加できるよう、待ってあげられているか。

3
楽しく参加《さんか》できるよう、おちついて待つ

まずは、刺激《しげき》が少ない静かな場所を確保《かくほ》します。そのうえで、おちついて「おどりにいきますか?」「カメを見に行きますか?」などと聞きます。楽しくて興奮しているのか、不安で混乱しているのか、どんな気持ちなのかを想像しながら、楽しく参加できるまで、ゆっくり待ちます。「ぴょんぴょんしないで」と禁止したり、「終わるから早く」などとあせらせたりするのはNGです。

お祭りがどんなものかわかったから、来年からは、もっと長い時間、楽しく参加できそう。

この本に出てくる５人のおともだちの、特徴《とくちょう》をふりかえってみよう！

５年生　あすかさん

- いつもとちがうことは苦手
- 同じパターンで行動するのが得意
- 集団行動がむずかしい
- いっぺんにみんなが話すとわからなくなる
- 気持ちを想像するのが苦手

６年生　てつおさん

- 見通しを立て、予定を組むのが苦手
- 熱中《ねっちゅう》するとほかが見えなくなる
- 体を使うのが苦手で、とっさに指示《しじ》どおり動けない
- ルールを自然におぼえられない
- 好みがはっきりしていて、知識が豊富
- 人の気持ちや空気を読むのは苦手

３年生　だいすけさん

- 感覚《かんかく》がするどい
- 行動をきりかえられない
- だんどりを考えるのは苦手
- すごい集中力（過集中）だけど、集中力にむらがある
- 耳から聞き理解《りかい》すること、長い文や物語を読み取るのは苦手

４年生　すみれさん

- においに対する感覚がするどい。味や舌ざわりも強く感じる
- 苦手なことをがまんしてしまう
- 不安が強く、不安が体の不調にあらわれやすい
- 気持ちをきりかえられない

５年生　そうたさん

- 自分のルールがあり、予想外のできごとに対応できない
- 自分の気持ちをうまく表現できず、質問《しつもん》に答えるのもむずかしい
- せまいところがおちつく
- おちつかないと、ぴょんぴょんはねたり、ぐるぐるまわる
- パターン化したやりとりが好き。ひとりごとを言う

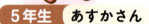

第2章
どこがちがうの？
自閉スペクトラム症の子の見え方・感じ方

自閉スペクトラム症とは、どんな障害なのでしょうか。
自閉スペクトラム症の子は、どのようにものごとをとらえ、
どんなふうに感じているのか、
そして、どんなことに困っているのか、
今わかっていることを解説します。

1 自閉スペクトラム症って何？ どんな人たちなの？

心の病気なの？ ひきこもりとはちがうのかな？

自閉スペクトラム症は先天的な脳の特性による障害で、心の病気ではありません。自分のからに閉じこもっているわけでもなく、ひきこもりともちがいます。ものとらえ方や感じ方について共通する特性があるといわれていますが、その個性はさまざま。

この本に出てくる、そうたさんのように、言葉《ことば》が少なくほとんど会話ができないタイプもいる一方で、あすかさんやてつおさんのように、とってもおしゃべりなタイプの人もいます。「自閉症」という名前からはイメージしづらいかもしれませんが、だいすけさんのように元気いっぱいで明るいタイプの自閉スペクトラム症の人もいるのです。

何がきっかけで自閉スペクトラム症になるの？

自閉スペクトラム症は生まれつきのものなので、「3歳より前に症状があらわれていること」という診断《しんだん》の条件があり、専門のお医者さんが診断します。親の育て方（しつけ）や、何かほかのきっかけがあって自閉スペクトラム症になることはありません。

べんきょうがよくできるのに、障害なの？

自閉スペクトラム症の「スペクトラム」とは「連続体」という意味。自閉スペクトラム症には、知的障害をともなう人からとても高いIQ（知能指数）をもつ人まで幅広いタイプがいて、ボーダレスにつながっているのです。

ですから、べんきょうがとてもよくできる人のなかにも、自閉スペクトラム症の人はいます。

自閉スペクトラム症の中でも言葉のおくれや知的障害が目立たないタイプをアスペルガー症候群《しょうこうぐん》とよぶことがあります。

発達障害ってときどき聞くけど、自閉症と発達障害は同じなの？

日本では、自閉スペクトラム症のほか、特定の学習だけ苦手な学習障害（LD）、注意力や行動・感情のコントロールがむずかしい注意欠如・多動症（ADHD）、トゥレット症候群、吃音《きつおん》などが、まとめて発達障害とよばれています。いろんな特性をあわせてもっている人も多く、年《ねん》齢《れい》などによっても目立つところがちがうため、専門のお医者さんでも簡単《かんたん》には見わけることがむずかしい場合もあります。

たとえば、てつおさんが忘れものをしてしまったり、カギをなくしてしまったり、注意力にムラがあるのは、自閉スペクトラム症だけでなくADHDをもっているからです。

あすかさんが思いついたことをそのまま言ってしまい、自由気ままにふるまってしまう背景《はいけい》にもADHDがあるかもしれません。また、だいすけさんがバケツをひっくりかえしたり、教室を飛び出してしまったり、まわりがびっくりするような行動をとってしまうのは、ADHDの特性で自分の気持ちや行動をおさえることができないことが関係しているかもしれません。だいすけさんは字を読むのが極端《きょくたん》に苦手なのでLDもあるかもしれませんね。

こんなふうに、発達障害のいろんな特性をあわせてもっている人はめずらしくありません。

2 自閉スペクトラム症の子は、どんな見え方・感じ方をしているの？

一見、わたしと変わらないんだけど、どんな障害なの？

たしかに、見た目だけでは「自閉症」はわかりません。症状には個人差がありますが、脳のはたらき方や使い方がみんなとちがうため、できることとできないことにも、ばらつきができてしまいます。

言葉《ことば》の発達が遅れたり、人とのかかわり方がわからなかったり、あたりまえにできるはずのことが身につかなかったり、常識がずれていたり、さまざまな場面で、困ってしまうことがあるのです。

「いっしょに遊ぼう！」ってさそっても遊んでくれないときがある。

同年代と遊んだりおしゃべりしたりすることは、あまり得意ではないようです。

とくに、幼稚園や保育園、小学校の低学年ぐらいまでは、ほかの子どもに関心を示さなかったり、人より物に強い興味《きょうみ》をもったり、「おともだちと遊ぶより、ひとり遊びのほうが好き」という自閉スペクトラム症の子はめずらしくありません。

成長とともにだんだん人への関心も生まれてきますが、集団での行動は苦手な場合が多いのです。

話がつうじなかったり、会話がとんちんかんなのも、自閉スペクトラム症だからなの？

たとえばてつおさんのようにむずかしい言葉や四文字熟語などを好んで使う子でも、話が一方的《いっぽうてき》で、会話のキャッチボールがむずかしい場合があります。

あすかさんも自分の興味があることはずっと話し続けるのに、おともだちとわいわい話すのは苦手なようすでした。

また、そうたさんは「そうぶせん」「にっぽんいち」など、自分の好みの言葉をくりかえし話し続けますが、人の問いかけにはなかなか答えてくれません。

このような、「独特なコミュニケーション」は、自閉スペクトラム症の大きな特徴《とくちょう》のひとつです。

すぐにおこったり、泣いたり、なんだか、つきあいにくいよ。

自閉スペクトラム症の本人たちも「人との関係はむずかしい」とか「めんどうだ」と感じています。相手の気持ちを想像したり、表情を読んだりすることが苦手だからです。

そのため、そうたさんのように人がいやがる質問《しつもん》をしつこくくりかえしたり、あすかさんのように、悪気《わるぎ》がないのに相手をおこらせてしまったり、「空気を読まないやつ」と思われてしまうことがあります。

なかには、悪口を言われたり、いじめられたり、仲間はずれにされたりして、人とつきあうのがいやになってしまう人もいます。

人の気持ちだけでなく、自分の気持ちをとらえることも苦手です。そのとき感じている感情が不安なのか、いかりなのか、または別のものなのか、わからないまま、コントロールできない気持ちだけが高まって、パニックになってしまうことがあります。

呼んでもムシしたり、勝手《かって》なところがあるんだけど……

自閉スペクトラム症の子の大半は、一度に二つのことを同時に行うのが苦手です。だいすけさんのように何かに集中しているときには、ほかのことに気づかなかったり、話しかけられても耳に入ってこなかったりすることがあります。無視しているつもりはなく、本当に聞こえていないのです。

ものの並べ方とか、道順とか、こだわりが強いのはなぜ？

多くの自閉スペクトラム症の人は次におこることを想像することが苦手なので、「いつもとちがうこと」より、「いつもと同じこと」を好みます。そうたさんが毎朝同じ順番《じゅんばん》で通学するのは、パターンが決まっていると安心できるからです。パターンへのこだわりは、まわりから「融通《ゆうずう》がきかない」「ガンコ」などと思われてしまうことがあります。

一方で、「ルールを守る」「予定どおりに行動する」などの長所にもつながります。

運動会や文化祭はきらいなの？楽しくないのかなぁ？

「いつもとちがうこと」をきらうタイプの自閉スペクトラム症の子は、運動会・文化祭などのイベントが大の苦手です。「いつもとちがうこと」がたくさんおこるので、あすかさんやすみれさんのように不安が強くなり、楽しめないことがあります。

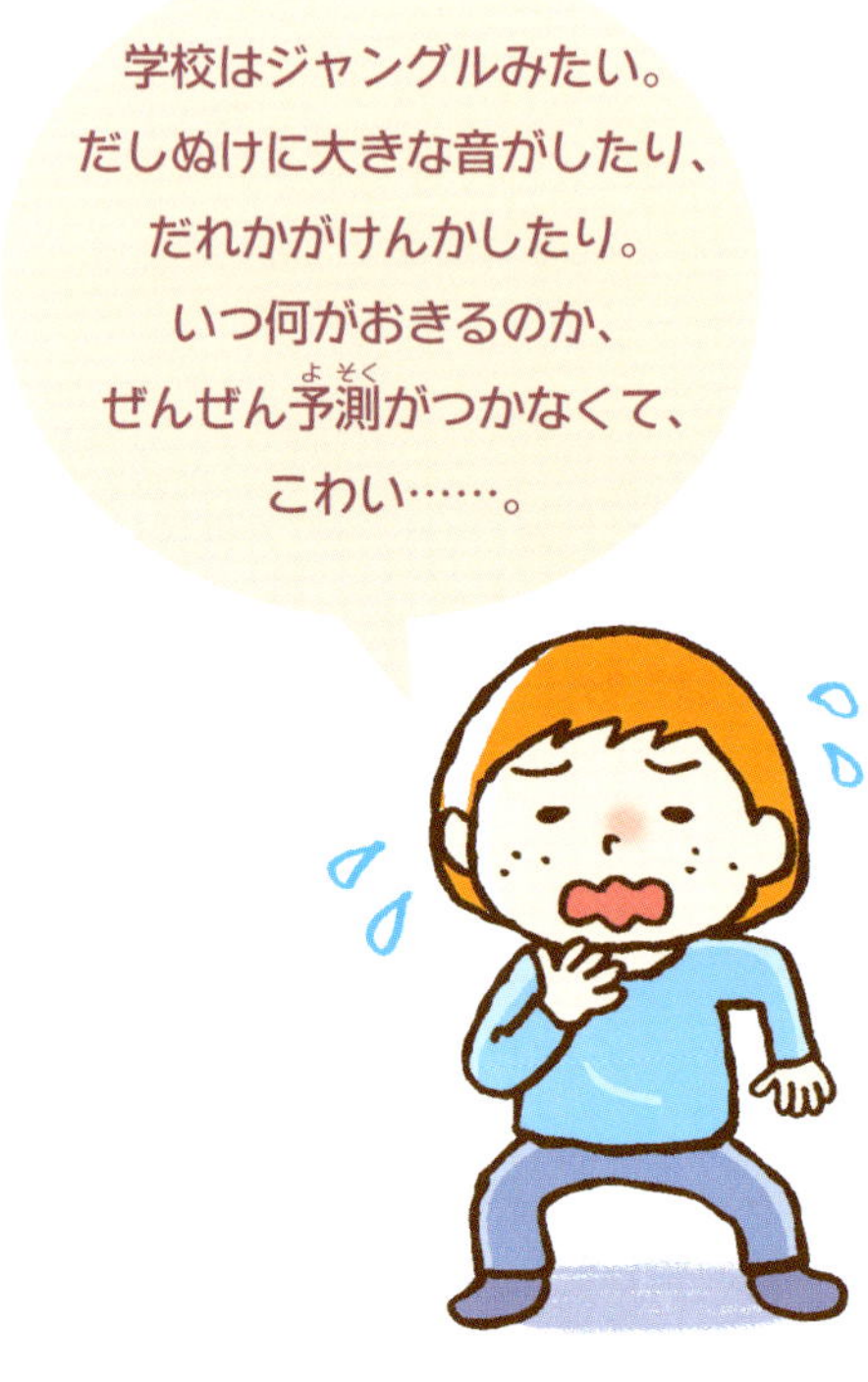
学校はジャングルみたい。
だしぬけに大きな音がしたり、
だれかがけんかしたり。
いつ何がおきるのか、
ぜんぜん予測《よそく》がつかなくて、
こわい……。

すごい才能があるって、ほんと？

自閉スペクトラム症の子のなかには、一度聞いただけの音楽を演奏できたり、電話番号やたんじょうびなどをたくさんおぼえていたり、まるで写真のような絵がかけたり、信じられないような才能をもつ人がいます。また、多くの自閉スペクトラム症の子は自分の好きなことに対して、深く集中できる力をもっています。

けれども、何が得意なのか、本人やまわりが気づいていない場合も多いのです。得意なことや、その子ならではの才能をみつけてあげられるといいですね。

ちょっとした音で耳をふさいだり、おおげさじゃない？

音の聞こえ方が、みんなと少しちがうようです。小さな音でも、自閉スペクトラム症の子はばくだんがばくはつするようなおそろしい音に感じていることがあります。大きな音じゃなくても、赤ちゃんの声、ドライヤー、そうじ機、ハーモニカ、トイレを流す音など、人によっていやな音はさまざまです。

また、そうたさんのように、音や光などたくさんの情報《じょうほう》がいっぺんに入ってくると、混乱《こんらん》しパニックになってしまうことがあります。脳の中で、自分に必要な情報を選びとる力が弱いからだといわれています。

脳の中で、自分に必要な情報を選ぶって、どういうこと？

たとえば人ごみの中で知り合いの顔をみわけたり、ざわざわした室内で先生の話を聞きとったりすることに、とても苦労することがあります。大事なことを見落としたり、聞きもらしたりすることもあるのです。

そのため、ものごとに対する理解《りかい》が、まわりの人とずれてしまったり、まちがってしまったりします。

苦手なのは音だけ？ほかにも苦手なことがあるの？

聞こえ方だけでなく、見え方、味・におい・痛み・温度などの感じ方もちがう場合があります。すみれさんのように、味、温度、舌ざわり、特定のにおいなどをすごくいやがる人がいたり、だいすけさんのように、人からさわられることがきらいで軽くさわられただけでもたたかれたように感じ、おこり出してしまう場合があります。洋服のタグや、ズボンやくつしたのゴムなどが、痛くてたまらないという人もいます。

「これが苦手！」といういやな感覚《かんかく》が、一人ひとりちがうので、なかなかまわりからも理解してもらえず、苦しんでいる場合も多いのです。

③ みんなが楽しくすごせるように、何を手《て》伝《つだ》ってあげたらいいの？

①活動に楽しく参加《さんか》できるよう、予定は、前もって教えておく

はじめて行く場所や、はじめての活動は予測《よそく》がつけられず混乱《こんらん》したり、不安になったりすることが多いので、あらかじめ「何時にどこに行くのか」「どんな場所なのか」「何をするのか」「だれが参加するのか」などの予定を、しっかり説明しましょう。

イメージをつかむことがむずかしいので、本人にわかりやすい写真、絵、文字などを使い、安心できるよう工夫します。

②具体的《ぐたいてき》な言葉《ことば》や、わかりやすい方法で、ていねいに伝える

「どうしたの？」「ちょっと待って」など、あいまいな言い方やわかりにくい表現はさけ、「おなかが痛いの？　頭が痛いの？」「扉をあけるまで待ってください」などと具体的に伝えます。わかりやすい言葉ではっきり話すほうがいいのですが、声をはりあげると「おこられている」とかんちがいしてしまう子もいるので、おだやかにていねいな言葉づかいを心がけます。言葉で伝えるのがむずかしい場合は、絵やメモを使いましょう。

③注目してほしい重要なポイントを教え、気づけるよう手伝う

自閉スペクトラム症の子は、みんなが「あたりまえ」と思っているルールなどに、気づいていない場合があります。気づいていなかったり、誤解したりしていないか、気を配ってみてください。「こんなことくらい、わかっているはず」と放置せず、わかってほしいことがあるときは注目してほしい重要なポイントを教え、気づけるよう手助けします。いったん気づくと理解がすすむことがあります。

④休める場所やおちつける方法をみつけておく

さわがしい場所や人が多いところが苦手で、体育館・音楽室などをいやがったり、運動会などの行事でパニックをおこしてしまうことがあります。「わがまま」と思われがちですが、本人が安心して学習できる場所をつくってあげることは大切です。気持ちが高ぶったときにおちつけるひなん場所を用意したり、その子がおちつける方法もみつけておきましょう。

⑤一人ひとりのちがいを楽しみ、世界を広げよう！

自閉スペクトラム症の子は「不思議な子」「変な子」と思われがちですが、その個性は長所でもあります。「どうして、こんな行動をとったのかな?」と想像し、「そんな考え方があるんだ」と気づくことで、世界はどんどん広がります。いろんな人がいて、いろんな考え方がある。その多様性を楽しみましょう。

先生・保護者のみなさま・大人の読者の方へ

自閉スペクトラム症の子どもたちは、とてもユニークで、個性豊か。ほかの子どもたちと同じように、きらきらした才能をひめています。けれども、大多数の子どもたちと認知のシステムや感覚がちがうため、情報共有がむずかしく、生きづらさを抱えてしまいがちです。しかし、その生きづらさは外からわかりづらく、理解されることがむずかしい障害です。

この本に出てくる5人も、さまざまな場面で人知れず苦労していることがわかってもらえたのではないかと思います。

2005年に「発達障害者支援法」という法律が施行され、これまでは支援の対象となっていなかった発達障害の人を「学校や職場などで支えていこう!」と決められました。また、2016年には「障害者差別解消法」が施行され、学校などでの「合理的配慮」が義務づけられました。

学校の中でも、できる範囲で自閉スペクトラム症の子たちにとってわかりやすい授業を行い、しっかりと必要なことを伝え、学びやすい環境を整えることが急務となっています。

まわりが理解し、ていねいにかかわっていくことで、自閉スペクトラム症の子はゆっくりと発達し、必ず変化していきます。大切なのは、自閉スペクトラム症の子を訓練などにより学校や社会に無理やり適応させることではありません。みなで協力し、彼らが「参加したい」と自分から思えるような学校や社会を創り、彼らの主体性をはぐくんでいくことです。

そして、まわりの子どもたちには、自分と自閉スペクトラム症の子とのちがいを楽しみ、ちがいから学び・考え、共存していくことのすばらしさを体験していってほしいと願います。多様性を知ることは、だれもがみなかけがえのない存在であることを実感することにつながるからです。

おわりに

自閉スペクトラム症の人たちの不思議な世界。
興味《きょうみ》をもって読んでもらえましたか？

自閉スペクトラム症の人たちは、ちょっとみんなとちがいます。

でも、「ちがう」ということは、悪いことではありません。

どこがちがうのかを考えたり、
どうすればうまくいっしょにやれるのか作戦を練ったり、
ちがいをいかして協力したり……。

そんなふうに、楽しむことができれば、きっと、
みんなの世界は、どんどん広がっていくはずです。

参考資料など

『発達と障害を考える本①　ふしぎだね!?　自閉症のおともだち』
内山登紀夫　監修／諏訪利明・安倍陽子　編　（ミネルヴァ書房）

『発達と障害を考える本②　ふしぎだね!?　アスペルガー症候群［高機能自閉症］のおともだち』
内山登紀夫　監修／安倍陽子・諏訪利明　編　（ミネルヴァ書房）

『新しい発達と障害を考える本①　もっと知りたい！　自閉症のおともだち』
内山登紀夫　監修／伊藤久美　編　（ミネルヴァ書房）

『新しい発達と障害を考える本②　もっと知りたい！　アスペルガー症候群のおともだち』
内山登紀夫　監修／伊藤久美　編　（ミネルヴァ書房）

『新しい発達と障害を考える本⑤　なにがちがうの？　自閉症の子の見え方・感じ方』
内山登紀夫　監修／伊藤久美　編　（ミネルヴァ書房）

『新しい発達と障害を考える本⑥　なにがちがうの？　アスペルガー症候群の子の見え方・感じ方』
内山登紀夫　監修／尾崎ミオ　編　（ミネルヴァ書房）

『高機能自閉症・アスペルガー症候群入門―正しい理解と対応のために』
内山登紀夫・水野薫・吉田友子　編　（中央法規出版）

『アスペルガー症候群を知っていますか？』
ローナ・ウィング　監修／内山登紀夫　著　（東京都自閉症協会）

監修者紹介

内山登紀夫（うちやま　ときお）

精神科医師。専門は児童精神医学。順天堂大学精神科、東京都立梅ヶ丘病院、大妻女子大学人間関係学部教授、福島大学大学院人間発達文化研究科学校臨床心理専攻教授を経て、2016年4月より大正大学心理社会学部臨床心理学科教授。2013年4月より福島県立医科大学会津医療センター特任教授併任。よこはま発達クリニック院長、よこはま発達相談室代表理事。1994年、朝日新聞厚生文化事業団の奨学金を得て米国ノース・カロライナ大学TEACCH部シャーロットTEACCHセンターにて研修。1997〜98年、国際ロータリークラブ田中徳兵衛冠名奨学金を得てThe center for social and communication disorders（現The NAS Lorna Wing Centre for Autism）に留学。Wing and Gouldのもとでアスペルガー症候群の診断・評価の研修を受ける。

デザイン　**大野ユウジ（co2design）**
イラスト　**藤井昌子**
DTP　**レオプロダクト**
編集協力　**尾崎ミオ（TIGRE）**
企画編集　**SIXEEDS**

あの子の発達障害がわかる本①
ちょっとふしぎ
自閉スペクトラム症ASDのおともだち

2019年3月1日　初版第1刷発行　〈検印省略〉
定価はカバーに表示しています

監修者　内山登紀夫
発行者　杉田啓三
印刷者　森元勝夫

発行所　株式会社　ミネルヴァ書房
607-8494 京都市山科区日ノ岡堤谷町1
電話 075-581-5191／振替 01020-0-8076

モリモト印刷

ISBN978-4-623-08500-2
Printed in Japan